A INTENTONA EM NOVA YORK

FUNDAÇÃO UNIVERSIDADE DE BRASÍLIA

Reitor
João Claudio Todorov

Vice-Reitor
Erico P. S. Weidle

EDITORA UNIVERSIDADE DE BRASÍLIA

Diretor
Alexandre Lima

CONSELHO EDITORIAL

Presidente
Emanuel Araújo

Alexandre Lima
Álvaro Tamayo
Aryon Dall'Igna Rodrigues
Dourimar Nunes de Moura
Emanuel Araújo
Euridice Carvalho de Sardinha Ferro
Lúcio Benedito Reno Salomon
Marcel Auguste Dardenne
Sylvia Ficher
Vilma de Mendonça Figueiredo
Volnei Garrafa

Elizabeth Cancelli

A intentona em Nova York

Série
Prometeu

EDIÇÕES
Humanidades

Direitos exclusivos para esta edição:
EDITORA UNIVERSIDADE DE BRASÍLIA
SCS Q.02 Bloco C Nº 78 Ed. OK 2º andar
70300-500 Brasília DF
Fax: (061) 225-5611

Copyright © 1997 *by Elizabeth Cancelli*

Todos os direitos reservados. Nenhuma parte desta publicação poderá ser armazenada ou reproduzida por qualquer meio sem a autorização por escrito da Editora.

Impresso no Brasil

SUPERVISÃO EDITORIAL E COORDENAÇÃO DA SÉRIE
AIRTON LUGARINHO

PREPARAÇÃO DE ORIGINAIS
FATIMA REJANE DE MENESES

REVISÃO
FATIMA REJANE DE MENESES E YANA PALANKOF

CAPA
PAULO ANDRADE

SUPERVISÃO GRÁFICA
ELMANO RODRIGUES PINHEIRO

ISBN: 85-230-0486-6

Ficha catalográfica elaborada pela
Biblioteca Central da Universidade de Brasília

| C215 | Cancelli, Elizabeth
    A intentona em Nova York / Elizabeth Cancelli – Brasília : Editora Universidade de Brasília - Edições Humanidades, 1997.
    154 p. : il. — (Série Prometeu).

    1.Intentona comunista-história do Brasil. I. Título. II. Série

                                                                     CDU 981.081
                                                                   329.15(81) |

*A Abílio, Edith e Anelise.
À Helma, com muita saudade.*

Agradecimentos

À Capes e ao CNPq;

ao Departamento de História e à Universidade de Brasília;

ao Grupo de Pesquisa Jogos do Político da Unicamp, em especial à Stella Bresciani e à Christina Lopreato;

à Maria Teresa Ginde de Oliveira, à Liana Milanez Pereira e a Roberto Alves d'Azevedo.

Suportei o melhor que pude as injúrias de Fortunato; mas, quando ousou insultar-me, jurei vingança. Vós, que tão bem conheceis a natureza de meu caráter, não havereis de supor, no entanto, que eu tenha proferido qualquer ameaça. No fim, eu seria vingado. Este era um ponto definitivamente assentado — mas a própria decisão com que eu assim decidira excluía qualquer perigo. Não devia apenas castigar, mas castigar impunemente. Uma injúria permanece irreparada quando o castigo alcança aquele que se vinga. Permanece, igualmente, sem reparação, quando o vingador deixa de fazer com que aquele que o ofendeu compreenda que é ele quem se vinga.

O Barril de Amontillado
Edgar Allan Poe

Intentona significa um cometimento insano, louco, um assalto fora de propósito. E é como Intentona que ficou mais conhecida a tentativa de golpe dada por comunistas em novembro de 1935 no Brasil.

Sumário

Apresentação, **15**

Capítulo um
Rumo à cidade de Nova York, **19**

Capítulo dois
A investigação, **43**

Capítulo três
As descobertas, **75**

Capítulo quatro
A chance, **113**

Anexo, **139**

Bibliografia complementar, **151**

Apresentação

Encontrei o material que deu origem a este livro no inverno de 1991. Era um dos últimos dias que permanecia em Washington para dar andamento à pesquisa que seria incorporada à minha tese de doutoramento. Resolvi dar uma última olhada na seção de microfilmes do National Archives, com poucas esperanças de achar qualquer documento que fosse relevante, já que o trabalho havia rendido muito e eu estava com a certeza de que o fundamental fora encontrado.

Não me enganaria, mas seria surpreendida por uma documentação inédita que não dizia respeito diretamente à pesquisa que estava fazendo: era o material do FBI sobre os passaportes falsos de Harry Berger, ou Arthur Ewert, e Elise Ewert, ambos envolvidos no golpe que o Partido Comunista organizara no Brasil em novembro de 1935.

A documentação era formada basicamente de vários ofícios e relatórios que o FBI produzira para si e para o Departamento de Estado sobre o caso. Um acervo que permitia não só rastrear a Nova York da época, mas tecer a rede do PC nos Estados Unidos e fora dele, o tipo de trabalho desenvolvido pelo FBI em conexão com o governo brasileiro e sua polícia: a de Getúlio Vargas e Filinto Müller.

Fiquei bastante surpresa e, embora não fosse usar aquela documentação na pesquisa que estava desenvolvendo, resolvi copiar os microfilmes. A operação não tomou mais de trinta minutos e fez com que eu, a partir dali, ficasse por cerca de um ano e meio a me indagar sobre o que fazer com aqueles ofícios de investigação policial.

Resolvi então que deveria saber mais sobre Nova York, os comunistas americanos e o FBI, como sugeria o próprio material encontrado. Voltei aos Estados Unidos com uma bolsa da capes e rapidamente dei andamento ao projeto. Novamente no Brasil, a dúvida que começava a me perseguir era como escrever sobre aquilo tudo.

O caminho mais óbvio seria montar um livro sobre a Intentona Comunista e acrescentar a documentação do FBI e minhas pesquisas referentes aos Estados Unidos. Mas isso era justamente o que eu não queria, pois o livro seria mais um dos tantos escritos sobre o episódio, que de qualquer forma fora tratado de maneira praticamente definitiva pelo competente livro de Paulo Sérgio Pinheiro, *Estratégias de ilusão*.

Levei algum tempo para entender que o mais correto seria seguir a narrativa que a própria documentação estava a me indicar – o de uma investigação policial. E foi isso que decidi fazer: trabalhar toda a documentação usando as técnicas de narrativa do romance policial.

Como isso nunca fora feito antes, escrever tornou-se ainda mais divertido, até mesmo porque precisei introjetar que lidava, ao mesmo tempo, com dois tipos de leitor: o historiador, que procuraria a justeza da informação e o correto uso da fonte, sem quaisquer invenções que fizessem o texto mais interessante, mas menos verdadeiro; e o leigo, que procuraria além do conhecimento histórico um passatempo intelectual.

Em resumo, foi um divertido desafio. Desde encontrar esta documentação de forma tão casual até reencontrar a História como narrativa, e como uma narrativa saudosista dos romances de Dashiell Hammet e da ambientação *noir*. Não por acaso, portanto, que escolhi escrever este livro em um apartamento mais ou menos improvisado na penumbrosa cidade de São Paulo.

Capítulo um

Rumo à cidade de Nova York

> A little more than three centuries ago, when London and other great cities of Europe were already ages old, a sturdy little Dutch ship, the Half Moon, commanded by Herry Hudson, crept cautiously into to the unknown waters of New York Bay. Hudson, an explorer, was seeking a short rout to the Orient for the Dutch East India Company. On September 12, 1609, they dropped anchor off Manhattan Island, wich was then nothing more than a rocky, rugged wilderness, covered with dense foliage.[1]

Naqueles tempos, quem chegava da Europa, ou mesmo da Argentina, esperava que os vapores lentamente atingissem o norte da baía de Nova York para poder passar pela Ellis Island, onde o governo dos Estados Unidos, desde janeiro de 1892,[2] mantinha o maior e mais importante centro de imigração das Américas.

---

[1] Robert W. Swan, *New York from Village to Metropolis,* Nova York, Grosset & Dulap Publishers, 1939. Ilustrado por James Lewicki.

[2] A Ellis Island começou a funcionar em 1º de janeiro de 1892 e foi a principal porta de entrada até 1954.

Empurrados pela miséria européia e pelas perseguições políticas e religiosas calcadas em princípios eugênicos de discriminação e intolerância, milhares de homens, mulheres e crianças faziam fila nos balcões de atendimento da Ellis, na esperança de concretizar a verificação do princípio avassalador da Revolução Americana de que a miséria não era um estado natural da condição humana.[3]

No final do século XIX, a Revolução Industrial havia provocado, por meio da expropriação, uma enorme movimentação de pessoas. Milhares de europeus insistentemente dispersaram-se pela própria Europa e pelo hemisfério oeste. Além de inundar cidades como Varsóvia, Berlim, Viena, Nápoles e Londres à procura de empregos, essa massa enorme de criaturas dirigia-se ao Novo Mundo.

Como uma orquestra afinada e ávida por contingentes de trabalhadores desempregados, Estados Unidos, Alemanha, França, Brasil, Argentina e Grã-Bretanha receberam centenas de milhares de imigrantes.[4]

Os dados americanos eram impressionantes. Concomitantemente ao crescimento econômico dos Estados

---

[3] Hannah Arendt, *Da Revolução,* São Paulo, Ática, Brasília, Editora Universidade de Brasília, 1988. Neste livro, uma das questões desenvolvidas por Arendt é justamente que a Revolução Americana modificara definitivamente a perspectiva européia de que a miséria era inerente à condição humana.

[4] Leonard Dinnerstein e David M. Reiners, *Ethnic Americans. A history of immigration*, Nova York, Harper & Row Publisher, 1988.

Unidos e à miséria do Sul e do Leste Europeu,[5] o número de imigrantes tendia a aumentar. Foi assim que, entre 1880 e 1930, quando uma combinação de leis e restrições à entrada de imigrantes e a depressão empurrada pelo *crash* da Bolsa em 1929 "impuseram barreiras à imigração, os Estados Unidos receberam um total de 27 milhões" de novos habitantes.[6] Em 1900, Nova York já atingira 3 milhões e 400 mil habitantes, distribuídos na Ilha de Manhattan, no Bronx, Brooklyn, Queens e Richmond.[7] Em 1910, eram 4 milhões e 800 mil.[8]

O ano de pico dessa imigração acabou sendo 1907. Nele, as autoridades de controle dos Estados Unidos registraram a entrada de 1.285.349 imigrantes, sendo que 298.124 eram italianos; 338.452, do Império Austro-Húngaro; e 258.943, dos Estados balcânicos, em contrapartida, por exemplo, à entrada de apenas 37.807 alemães.

Esses imigrantes aportavam nos Estados Unidos apanhados em vapores vindos da Europa. Alguns deles pisavam no novo continente com a certeza de um ende-

---

[5] Sobre as condições de trabalho dos judeus do Leste Europeu, vide o interessante texto introdutório no livro de Moses Riskin, *The promissed city: New York jews, 1870-1914*, Cambridge/Massachusetts, Harvard University Press, 1977, p. 25 e segs.

[6] Leonard Dinnerstein, *op.cit.*, p. 43.

[7] Foi em 1º de janeiro de 1898 que a Grande Nova York foi consolidada pela "Charter of Greater New York, e os vários distritos ficaram sob um só governo municipal". Em: Mary Smart, *New York City history*, NY, Club of New York, 1934, p. 59.

[8] Loyd Morris, "Incredible New York", *High life and low life of the last hundred years*, NY, Random House, 1951, p. 290.

reço certo para o trabalho. A maioria, entretanto, juntava o que podia ser resgatado da miséria em que vivia e chegava ao porto preparada para enfrentar uma vida diferente em Nova York.

Foi assim que a jovem Machla Lenczycki chegou em Manhattan, em 14 de outubro de 1922. Havia nascido em Lodz, na Polônia, formalmente Rússia, no dia 22 de fevereiro de 1896. Como tantas outras mulheres judias, casou-se em uma cerimônia religiosa, e só um pouco antes de seu marido, Chil Leczycki,[9] partir para a Argentina e ela para os Estados Unidos realizaram a cerimônia civil.

A primeira intenção da jovem Machla era encontrar-se com seus irmãos Juer, ou George (nome que acabara ganhando em seus novos documentos americanos), e Manuel Turkewich. Ambos haviam emigrado para Nova York e estavam empregados. George era gráfico.

A presença de irmãos em Nova York certamente havia facilitado as coisas para Machla Lenczycki. Como era comum, Machla dirigiu-se de Lodz à Holanda, onde era grande o número de companhias marítimas que fazia a ligação com os portos americanos. De lá, seguiu no vapor *SS Nieuw Amsterdam*. Embora já fosse casada, apresentou na imigração seu passaporte polonês de solteira, e declarou como profissão ser dona-de-casa. As autoridades americanas deram àquela mulher de 1,70 m, cabelos pretos e olhos castanhos um visto permanente,[10] apesar de ser judia e vir do Leste

---

[9] A grafia dos nomes de Chil e Machla era diferente.
[10] Dinnerstein, *op. cit.*, p. 43.

Europeu. É que, no ano de 1922, várias leis de restrição à imigração já haviam passado pelo Congresso Americano. A opção dos congressistas, desde um ano antes, fora adotar uma legislação que impunha restrições qualitativas e quantitativas[11] aos imigrantes. O governo americano havia decidido que apenas 350 mil estrangeiros poderiam ingressar no país anualmente, de acordo com a quota para cada nacionalidade. A preferência era dada a imigrantes europeus do norte e do oeste,[12] caso em que Machla não se encaixava.

O fato de os irmãos serem imigrantes nos Estados Unidos, entretanto, protegia a moça. Esposas, pais, irmãos, irmãs e noivas de cidadãos e dos estrangeiros que houvessem pedido cidadania passaram a ter prioridade de entrada. Esta, provavelmente, era a razão de Machla ter-se declarado solteira às autoridades americanas. Só algum tempo depois, quando já estivesse estabelecida, é que seu marido deveria vir da Argentina, também protegido pela preferência nas quotas. Foi por isso que Chil só chegou a Manhattan seis anos depois de Machla, em 5 de dezembro de 1928, no *SS Western World* da Muson Line,[13] com um visa expedido pelo cônsul dos Estados Unidos em Buenos Aires.

---

[11]Frank L. Averbach, *Immigration laws of the United States*, Indianápolis/Nova York, The Bobbs Merril Company Inc., 1955. Antes de 1921, a política imigratória adotada foi precedida de cerca de 45 anos de restrições qualitativas e, anteriormente, por mais de cem anos de imigração livre.

[12]Vide a este respeito o Anexo I, onde há sumário das leis de imigração dos Estados Unidos.

[13]National Archives, M 1472, Departamento de Estado, de C. L. Willard, agente especial, a A. R. Burr, agente especial encarregado, NY, 6 de janeiro de 1936.

Machla acabara de conseguir sua naturalização americana no condado do Bronx, em 11 de setembro daquele mesmo ano,[14] e, embora Chil fosse judeu e do Leste Europeu, podia entrar em solo americano com quota de prioridade.[15]

A preferência dos Lenczyckis pela fixação em Manhattan não era acidental. Depois dos italianos, eram os judeus que perfaziam o maior contingente de imigrantes para os Estados Unidos no final do século XIX e início do XX. Mais de dois milhões deles haviam deixado a Europa Oriental, sendo que 70% deste número vinha da Rússia. De todos os judeus em busca de novas oportunidades de vida, mais de 90% preferiam os Estados Unidos. O restante seguia para cidades da Europa Central, Canadá e América Latina.

O fato mais marcante para o aumento da imigração judaica foram as incursões cada vez mais constantes e mais violentas de investidas governamentais que vinham sendo feitas aos *progroms* russos, após o assassinato de Alexandre II, em 1881. Os espancamentos, as matanças e os saques, que duraram cerca de trinta anos, eram ainda agravados pelo fato de que, mesmo atingidos pelas mudanças provocadas pela expansão do capitalismo e da Revolução Industrial, os judeus eram efetivamente considerados estrangeiros em seus locais de nascimento no Leste Europeu.

---

[14] National Archives, M 1472, Departamento de Estado, de C. L. Willard, agente especial, para Hall Kinsey, agente especial encarregado, NY, 4 de janeiro de 1936.

[15] Vide Anexo I sobre legislação da imigração americana.

As leis russas, com poucas exceções, delimitavam que os judeus vivessem em assentamentos fechados (em sua maior parte na Polônia e no oeste da Rússia), restringindo sua educação e oportunidades profissionais e obrigando jovens judeus das cidades a prestarem serviço militar entre os 12 e os 31 anos,[16] até que a devastação do *progrom* da cidade de Kishinieff, em 1903, envolvendo 2.750 famílias, fez com que um número ainda maior de judeus deixasse a Rússia à procura de maior civilidade para suas vidas e famílias.

Em 1877, havia cerca de 250 mil judeus nos Estados Unidos, em sua maioria judeus alemães, completamente integrados à vida americana. Em 1927, o número de judeus subiu para 4 milhões.[17] Agora, grande número deles vinha do Leste Europeu, como Machla.

A maior parte dos judeus, bem como a maior parte dos italianos, que abandonara seu país ficava ali mesmo em Nova York, o grande porto de chegada do continente americano e o símbolo contemporâneo do *melting pot*. Para fins de ocupação, eles vinham substituir os irlandeses e os alemães nas fábricas de vestuário da cidade.

A verdade era que Nova York, ao contrário de Chicago, Detroit ou Pittsburgh, corria em busca de operários especializados. Acontece que os alemães, em sua maior parte, fugidos do desemprego em seu país na segunda metade do século XIX,[18] já haviam deixa-

---

[16]Dinnerstein, *op. cit.*, p. 45.

[17]*Idem, ibidem*, p. 45.

[18]Anka Mushlstein, *A ilha prometida: a história de Nova York, do século XVII aos nossos dias*, São Paulo, Companhia das Letras, 1991, p. 105.

do os *lofts* das fábricas e se instalado como autônomos. Paulatinamente, os irlandeses católicos, de início imigrantes rudes, ignorantes e solteiros, deixavam aos italianos a herança de serviços como pavimentação das ruas, construção de prédios, abertura de túneis e subterrâneos e fixavam-se nas docas, na construção civil e no gerenciamento de bares e salões.[19]

Como na Europa do leste havia sérias restrições quanto ao acesso dos israelitas à terra, a maior parte desses judeus tornou-se de origem urbana, por isso também era no meio urbano que havia uma certa facilidade para sua aceitação em relação ao trabalho.

Já na virada do século XX, Nova York notabilizava-se por dirigir sua economia para a indústria leve, as finanças e o comércio. Dentre o ramo manufatureiro, a indústria do vestuário e seus correlatos ocupava um lugar de destaque. Em seguida vinha o setor gráfico e urbano. A indústria da construção civil e dos transportes também abrigava um largo número de trabalhadores.[20]

A mão-de-obra do imigrante era fundamental nesse processo. Em 1890, por exemplo, mais de três quartos dos residentes em Nova York eram ou estrangeiros ou filhos de imigrantes. E, enquanto nessa data os alemães e os irlandeses atingiam o maior número, a composição étnica do novo nova-iorquino começava a mudar, fazendo com que a maioria deles fosse for-

---

[19] *Idem, ibidem*, p. 30.

[20] Suzanne Model, "The effects of ethnicity in the workplace on blacks, italians, and jews in 1910, New York", *Journal of Urban History*, vol. 16, nº 1, November 1989, pp. 29-51.

mada pela população russa, com enorme número de judeus, seguido de alemães, irlandeses e italianos.

Era dos negros, dos italianos e dos russos, entretanto, o domínio de empregos na indústria leve. É certo que cerca de 60% dos judeus trabalhavam na indústria de produtos não-duráveis, enquanto 40% dos negros ficavam no setor de serviços pessoais e os italianos se alistavam apenas na construção civil e na manufatura não-durável. Os judeus perfaziam, em 1910, 23,1% da força de trabalho industrial masculina da cidade, e os italianos e os negros, 2,6%.[21]

Na medida em que a imigração foi aumentando e se aproximava a Primeira Guerra Mundial, 70% de todos os trabalhadores da indústria do vestuário de Nova York eram judeus. Os que não estavam neste ramo ficavam por conta das destilarias, das fábricas de cigarro e das gráficas, ou eram encanadores, carpinteiros, comerciantes, açougueiros kosher, donos de armazéns, de lojas de doces, jornaleiros, etc. Havia também grandes oportunidades para os judeus na música e no teatro. Dominavam, nas primeiras décadas do século XX, o mercado de trabalho das artes, perfazendo a metade dos atores, dos compositores e dos editores musicais em Nova York.[22]

Como Machla, Chil também era judeu e polonês, havia nascido em Scanwitz,[23] em 1890. Quando chegou para se encontrar com Machla, depois de seis anos separados, sendo que quatro deles havia passado em-

---

[21] *Idem, ibidem.*
[22] Dinnerstein, *op. cit,* p. 51.
[23] Soletrar fonético.

pregado como peleiro em Buenos Aires,[24] Chil teve seu nome judeu mudado para Henry.

Machla, embora seu nome não fosse comum na América, conservou seu prenome. Ao desembarcar do *SS Nieuw Amsterdam*, foi morar com seus dois irmãos, uma vez que sua mãe, Fannie Turkewitz, ainda não deixara a Polônia. Seu primeiro endereço com a família foi o número 251, na 116 West Street, em Manhattan, uma região de fábricas e de operários, repleta de judeus, como eles.[25]

Não era nada fácil morar em Nova York, embora Machla tenha chegado em uma época de prosperidade, antes da crise de 1929.

A cidade, apesar de sua recente riqueza e suntuosidade, era cheia de trabalhadores pobres. Na verdade, a atmosfera de disseminação da pobreza já se vinha radicalizando desde meados do século XIX, quando os primeiros imigrantes modernos começaram a desembarcar em massa na América. Já em 1850, devido à falta de habitações e de uma política habitacional, mais de trinta mil porões eram ocupados, em Manhattan, em sua maioria por famílias de imigrantes. O amontoamento urbano era extremamente problemático. Só no ano de 1881, 669.431 imigrantes foram admitidos nos Estados Unidos e, como sempre, a maioria permanecia em Nova York. No que diz respeito aos judeus, entre

---

[24] National Archives, M 1472, Departamento de Estado, de C. L. Willard, agente especial, a Hall Kinsey, agente especial encarregado, NY, 4 de janeiro de 1936.

[25] National Archives, M 1472, Departamento de Estado, de C. L. Willard, agente especial, a Hall Kinsey, agente especial encarregado, NY, 4 de janeiro de 1936.

1881 e 1910, foram 1 milhão e 562 mil os imigrantes. No ano de 1923, eles haviam somado mais de dois milhões,[26] e, em 1925, eram 2 milhões e 600 mil[27] que, basicamente, se estabeleceram no Lower East Side da ilha de Manhattan, um local que antigos imigrantes alemães e irlandeses já haviam abandonado em troca de vizinhança melhor.[28]

Alguns locais da cidade se tornaram símbolo de superpovoamento para o resto do mundo. O East Side era um deles. Famílias inteiras moravam nas *tenement houses*. Aquela atmosfera, sem dúvida, era nova para a jovem judia Machla Lenczycki, embora sua cidade natal fosse uma cidade industrial, especialmente de fábricas têxteis.[29] Habitualmente, os judeus que chegavam iam morar no Lower East Side[30] de Manhattan, uma região que já no final do século XIX era mais populosa que Bombaim. Aquelas ruas eram repletas de vendedores ambulantes, crianças, carretas. Um verdadeiro formigueiro humano. Comercializava-se de tudo ao ar livre — de roupas baratas a ovos e verduras.

---

[26]Jeff Kisselof, *You must remember this: an oral history of Manhattan from the 1890's to Word War II*, San Diego/New York/London, Harcourt Brace Joovanovich, 1989.

[27]Edward Walkin, *The immigrant experience: faith, hope and the golden door*. Huntington/Indiana, Our Sunday Visitor, 1977, p. 91.

[28]Em: Edward Robb Ellis, *The epic of New York City,* Nova York, Coward-MacCann Inc., 1966. O autor também afirma que, em 1910, 1.252.000 judeus moravam no Lower East Side, pp. 416 e 417.

[29]Lodz, a "Manchester" russa, tinha 166.628 judeus em 1910.

[30]A região do Lower East Side localiza-se na parte sudeste de Manhattan, entre a East Houston Street ao norte; a Broadway a oeste; e a Worth Street e a Catherine Lane ao sul.

Embora quase todos os seus habitantes fossem judeus, eles se subdividiam. E havia quarteirões onde a aglomeração maior era de húngaros, romenos, russos, galegos ou levantinos.[31] Costumavam morar nas famosas *tenement houses*, prédios estreitos, de tijolos à vista, formados por vários apartamentos e superpovoados.

A precariedade das moradias começava pelo simples fato de que os terrenos *standards* de Nova York tinham 7,72 m de largura por 30,48 m de comprimento. Sobre eles é que eram construídos os edifícios de seis ou sete andares, que não asseguravam nem luz nem ventilação suficiente. Cada andar tinha quatro apartamentos: dois na parte da frente e dois na parte posterior do prédio (ver figura 1). Os apartamentos de frente quase sempre tinham quatro peças, e os de fundo, três. Até 1901, nos prédios construídos não havia cozinhas com água corrente, e os banheiros ficavam no corredor e eram de uso comum. Seu cheiro, na maioria das vezes, era insuportável. As janelas, as portas e as escadarias do prédio eram estreitas. As escadas de incêndio eram ocupadas com restos de mobília e caixotes, ou serviam de dormitório durante o verão. Todo o conjunto fazia com que os edifícios se tornassem fétidos e verdadeiras arapucas em caso de fogo.[32] Situação que ainda piorava muito no verão.[33] Além de serem pequenas, ruins, úmidas no inverno e insuportavelmente quentes no verão, as habitações destinadas aos imigrantes ainda sofriam, freqüentemente, de sub-

---

[31] Do Mediterrâneo Oriental.

[32] Cerca de 38% dos casos de incêndio de Manhattan eram na região do Lower East Side.

[33] Cf. Moses Riskin, *The promised city: New York jews, 1870-1914*, Cambridge (Massachusetts), Harvard University Press, 1977, p. 82 e segs.

locação; várias famílias, por isso, costumavam morar no mesmo apartamento.[34] Também era comum que membros de uma mesma família, na medida em que não conseguiam acomodações, morassem separados, às vezes um em cada canto da cidade (ver figura 2).

Mas Machla não ficou no Lower East Side, onde um milhão de judeus se concentrava.[35] Como George e Manuel já estavam instalados, foi para o lado noroeste da ilha de Manhattan, a 116th West Street. Esta era uma região localizada acima do Central Park, como todas as ruas de número superior a 110, mais conhecida como a região do Harlem.[36]

---

[34]Considera-se como uma das mais importantes medidas para a organização da cidade a criação, em 1887, da Comissão Permanente das Tenement House (Tenement House Commission), que paulatinamente fez com que fossem melhoradas as condições de higiene e de segurança das moradias coletivas. Cf. Hart Smith, *The New Yorkers: the story of a people and their city*, New York, Sheridan House, 1938, p. 192 e segs.

[35]Cf. Edward Wakin, *op. cit.*, p. 95.

[36]Manhattan é banhada a noroeste pelo Harlem River, daí o nome do distrito.

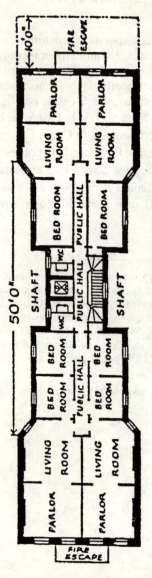

Figura 1: Planta dos apartamentos
Fonte: Moses Riskin, op.cit., p. 82

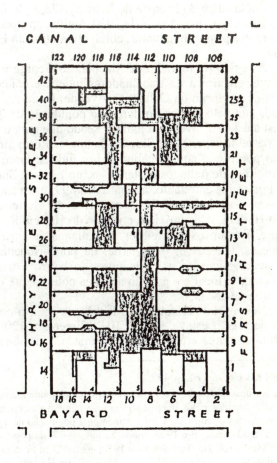

Figura 2: Planta dos quarteirões
Fonte: Moses Riskin, op. cit., p. 83

Era lá, além do Bronx e de Brownsville, e do próprio Brooklyn, que, depois de 1920, muitos dos judeus imigrantes passaram a morar, como alternativa ao East Side.

A região da moradia de Machla, de George e de Manuel era típica de trabalhadores judeus e concentrava-se em torno da Columbus Avenue. Dizia-se, em 1930, que pelo menos um terço da população da 79th West até a 110th West era judia,[37] sendo que para o sul e o oeste do Uper West Side havia um território ainda mais pobre que aquele habitado por judeus: eram os quarteirões de italianos e irlandeses, no Lincoln Square. Por certo, entretanto, acima da rua 99, estavam as classes mais baixas.[38] Na parte leste do Harlem, o East Harlem, mais próximo portanto do Harlem River, é que ficavam os quarteirões de italianos, judeus, irlandeses, tchecos e, mais tarde, de porto-riquenhos. Os negros ficavam na parte norte do bairro e transformaram o local em atração artística noturna, até que se tornasse decadente.[39]

Nos anos 1920, quando Machla chegara, o coração da região estava entre a 104th Street e a 120th.[40] Portanto, a área era muito movimentada. Um número

---

[37] Jeff Kisselof, *op. cit.*, p. 152.

[38] Esses quarteirões de judeus do Harlem foram paulatinamente sendo tomados pelos negros. Um grande número deles vindos dos estados do Sul e do Caribe aumentou a população negra da ilha rapidamente. Em 1920, eram 150 mil, ou 3% da população de Manhattan. No final dos anos 1920, eram 327 mil e concentravam-se no noroeste, "O Nigger Heaven", ou Harlem, que ia até a rua 168. Cf. Edward Robb Ellis, *op. cit,* pp. 520 e 521.

[39] Nos anos 1920.

[40] Os sicilianos eram achados na 104, e os italianos, na 106. Na 116, entre a First e a Pleasant, a região era ocupada por médicos e advogados

grande de médicos, advogados e dentistas atendia na mesma rua de Machla, entre a First e a Pleasant. Havia o mercado aberto ao longo da First Avenue, entre as ruas 111 e 115. As zonas de prostituição, as *Red Light Districts,* também não estavam distantes: localizavam-se na Lexinton Avenue, da 117 até a 122, na Allen Street e na 99. Muitas fábricas de pianos haviam se estabelecido na rua 133.[41] A configuração da cidade era interessante. Numa mesma rua, de um quarteirão para outro, uma vizinhança poder-se-ia tornar boa ou ruim, até porque era comum que as etnias se localizassem por região e por quarteirão, de acordo com seu *status.* No Up West Side, bairro dos irmãos Turkewitz, a maior concentração de judeus estava na 118, entre a Fifth e a Lenox; a de calabreses, na 108; a de sicilianos, na 107.[42] Mas o comércio estava concentrado nas mãos de judeus,[43] assim como a indústria de vestuário nas de judeus alemães.

---

[41] Cf. Jeff Kisselof, *op.cit.*

[42] No East Side, da 14 à 50, estavam os ingleses e os irlandeses; na parte sul do Greenwich Village (limitava-se pela 14 ao norte, Canal Street ao sul, Houston River a oeste e Lafayette Street a leste) ficavam os italianos; em Chelsea (localizado entre a Quinta Avenida e o Houston River, da rua 14 à 34) estavam os italianos e os irlandeses; perto do porto nas docas, estava localizada a extrema pobreza, a miséria e a fome; no Hell's Kitchen (da Oitava Avenida ao Houston River, entre a 34 e a 59, ou da 24 à 47, entre a Sexta e a Oitava Avenidas), ou na Cozinha do Diabo, ficavam os pobres e os *gangsters* irlandeses, italianos, alemães e judeus. A 38 era habitada por irlandeses, a 39, por italianos, e a 37, por gregos. Cf. Jeff Kisselof, *op. cit.*

[43] Em 1929, as áreas consideradas boas eram West End, Riverside Drive e Central Park West. Da rua 155 para o norte, Manhattan ainda era rural.

Figura 3: The Lower East Side
Fonte: Moses Riskin, op. cit., p. 77

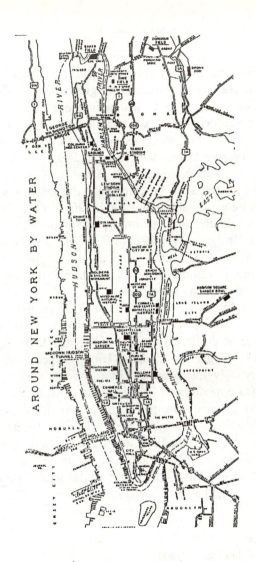

Figura 4: Around New York *by* Walter. Port of New York Autority, 1935. 41 x 55 cm, s/escala

Para os trabalhadores pobres, como os Turkewitz, que invariavelmente moravam em guetos, a vida tornara-se um pouco mais fácil depois que a cidade foi transformada pelo novo sistema de transporte, que incluía o metrô. Por isso, eles podiam dar-se ao luxo de não morar no Lower East Side, onde as condições de moradia eram piores. É que já em 1900 haviam começado os trabalhos de construção do metrô, e seu primeiro trecho foi aberto em 1904. Saía do City Hall, bem ao sul da ilha de Manhattan, perto de onde seria a Brooklyn Bridge, e passava pelo East Side até a Grand Central (Estação Central), na rua 42, seguia pela mesma rua 42 rumo a oeste, atingindo a Broadway e indo para o norte até a rua 145.

Dessa forma, os bairros de operários viam-se integrados. Com o passar do tempo, houve um gradual esvaziamento do East Side. Seis anos antes de Machla Lenczycki chegar aos Estados Unidos, apenas 23% dos judeus viviam na área.[44] Essa rota do metrô foi aumentada e modificada. Túneis foram construídos sob o Hudson River, e o metrô chegou ao Brooklyn, a sudeste, Washington Heights, ao norte, e ao Bronx, a noroeste. Por volta de 1930, um novo sistema ligaria Manhattan ao Brooklyn e ao Queens (a leste).

É certo que a construção das pontes já havia possibilitado que Manhattan se descongestionasse,[45] mas

---

[44] Moses Riskin, *op.cit.*, p. 93.

[45] A primeira ponte que uniu Manhattan ao Brooklyn foi a ponte do Brooklyn, em 1883. Seguiram-se a ela a Williamsburg Bridge, vinte anos depois, e a Manhattan Bridge, construída em 1909.

era o sistema de transporte que realmente integrava as outras regiões de Nova York para os trabalhadores.

Machla assistia a essas modificações enquanto procurava novas opções de moradia. Primeiro, junto com os irmãos. Depois, com o marido e com a mãe. É que Nova York, em função do sistema de metrô, se havia transformado rapidamente. Em 1910, quando a cidade tinha 4 milhões e 800 mil habitantes, 2 milhões e 300 mil deles estavam em Manhattan; 1 milhão e 700 mil no Brooklyn; 500 mil no Bronx; 250 mil em Queens; e 100 mil em Richmond. Em 1930, dois anos após a imigração de Chil, Nova York tinha sete milhões de habitantes, sendo que Manhattan havia baixado sua população para 1 milhão e 800 mil; enquanto Brooklyn ficava com 2 milhões e 500 mil; Bronx, 1 milhão e 250 mil; Queens, 1 milhão; e Richmond com apenas 150 mil.[46]

A primeira mudança dos três irmãos foi para a West Farms Road, 1321. Com a chegada de Chil, o casal, que se reencontrara após seis anos, começou a morar em quartos mobiliados. Como Manhattan era congestionada, a preferência sempre ficou em se fixar no Bronx e ao redor da vizinhança judaica. Do Bronx, afinal, era fácil deslocar-se para seus empregos em Manhattan. Em 1932, até junho, eram inquilinos no apartamento do casal Schechtman, bem na esquina da Belmond Avenue com a 179th Street. Foi quando mudaram para

---

[46]Dados retirados de: Loyd Morris, *op. cit.*, p. 290. Richmond permaneceu com população estacionária, aliás tipicamente rural. Uma forte razão foi o fato de estar ligada à ilha apenas por trem, segundo observa o autor.

o apartamento do irmão de Machla, Manuel, na Southern Boulevard, 1060. Mas a estada foi rápida. Só durou aquele verão, enquanto Manuel estava afastado de Nova York para um período de veraneio junto ao mar. No início de setembro, tiveram de ir morar com a mãe de Machla, Fannie, na Southern Boulevard, 1879, também no Bronx.[47]

A parte leste do Bronx era populosa e operária. Esta e o Brooklyn eram os distritos dormitórios de Nova York. Só o Brooklyn tinha uma área três vezes maior que Manhattan. As favelas estavam em Browsville, Red Hook e Williamsburg.

Finalmente, em janeiro de 1933, os Lenczyckis decidiram mudar-se, e Machla voltou a morar em Manhattan, desta vez no Lower East Side, na 19th Street, 320, apartamento 5. As acomodações não eram das melhores, nem a vizinhança era das mais respeitáveis,[48] mas era o que podiam pagar. Ambos estavam empregados na Belldene Dress Company, uma das tantas indústrias de vestuário da cidade, propriedade dos Fisher, e que ficava na 37th West Street, uma pequena caminhada de casa.

Eram tempos difíceis. Ainda se faziam sentir os efeitos do *crash* da Bolsa, e do ano de 1932, quando a Depressão chegara a seu auge, e um em cada quatro trabalhadores da cidade estava desempregado. Foi nes-

---

[47] Cf. National Arquives, M 1472, Departamento de Estado, de CLW, agente especial, a Hall Kinsey, agente especial encarregado, Nova York, 4 de janeiro de 1936.

[48] Observações de CLW. Em: National Archives, M 1472, Departamento de Estado, de CLW, agente especial, a Hall Kinsey, agente especial encarregado em Nova York, 4 de janeiro de 1936.

se mesmo ano que o governo americano resolveu estabelecer o New Deal, um grande programa de obras públicas, subsídios federais ao desemprego, instituição de pensões, controle de alguns preços, reforma bancária, supressão da proibição de bebidas alcoólicas,[49] programa de ajuda agrícola e redução de 25% nos gastos governamentais.

A situação econômica dos Lenczyckis, como a de outros operários, não era das melhores. Como grande parte da população, passavam necessidades e se perguntavam por que, afinal de contas, 90% da riqueza americana estava concentrada em 13% da população.[50] Era certo que nessas condições, e quando a cínica piada que circulava em Nova York era sobre um porteiro de hotel que perguntava ao hóspede, na hora do registro, se queria um quarto para dormir ou pular,[51] não poderiam pensar em morar em um apartamento que não fosse no Lower East Side. Era mais barato e cômodo.

E foi justamente no endereço da rua 19, no Lower East Side, que o agente Willard do FBI bateu no dia 4 de janeiro de 1936, a fim de investigar a vida de Machla Lenczycki.

---

[49] A Lei Seca teve início à meia-noite de 16 de janeiro de 1920.
[50] Edmund Robb Ellis, *op. cit.*, p. 527.
[51] Edmund Robb Ellis, *op. cit.*, p. 533.

Capítulo dois

A investigação

C. L. Willard era agente de uma das mais importantes organizações americanas. Fora recrutado para o caso atendendo à ordem expressa do Departamento de Estado, em Washington. Seu chefe imediato em Nova York, Hall Kinsey,[1] provavelmente com a anuência de Washington, havia determinado que Willard fizesse a maior parte das investigações relativas àquele problema que acabara de estourar na América Latina e que ainda era mantido em segredo. Poderia, é verdade, contar com a ajuda de seu colega, o agente L. C. Tubbs. Mas tudo deveria ser informado a Washington o mais breve possível, uma vez que a rede de investigação para o caso nos Estados Unidos já havia sido montada e envolvia fundamentalmente o secretário de Estado, Cordell Hull, o sr. Sumner Welles, secretário-assistente de Estado, o sr. Bannerman, chefe dos agentes especiais do Departamento de Estado, a sra. Shipley, chefe da Divisão de Passaportes em Washington, o sr. Burr, chefe da agência do FBI em Nova York, as embaixadas americanas no Rio de Janeiro e em Xangai

---

[1] Kinsey era um *agent in charge*, ou seja, chefe de uma *field office*. Cf. Anthony Summers, *Official and confidential. The secret life of J. Edgar Hoover*, Nova York, G. P. Putnam's Sons, 1993, p. 48.

e, é claro, a Divisão de Assuntos da América Latina do Departamento de Estado.

Um agente do FBI[2] não era assim tão difícil de ser identificado. J. Edgar Hoover[3] fazia questão que seus homens vestissem sempre terno, camisa branca, gravata das mais tradicionais e chapéu. Eles não passavam de 650 em todos os Estados Unidos.[4] Em geral eram jovens e precisavam ter formação em Direito ou Contabilidade. Recebiam um bom salário, em torno de 3.200 dólares por ano, e 5 dólares de diária, caso estivessem em tarefas de viagem.[5] Mas, em troca disso, prestavam fidelidade quase absoluta a seu chefe, o sr. Hoover, e precisavam estar sempre disponíveis a se locomoverem para qualquer parte do país.[6] Ao ingressarem no FBI, recebiam um curso de treinamento sobre fotografia e detecção de impressões digitais, uso de microscópio, balística, tiro, contabilidade, Direito,

---

[2] O nome Federal só foi acrescido ao Bureau of Investigations em 1935, mas usaremos o termo que é como a agência se tornou mais conhecida.

[3] J. Edgar Hoover tornou-se diretor-assistente do Bureau of Investigations em 22 de agosto de 1921, e diretor, aos 29 anos, em 10 de maio de 1924, até sua morte.

[4] Melvin Puris, *American agent*, Nova York, Garden City, Doubleday, Dorav & Company Inc., 1936, p. 60. Puris era ex-diretor do FBI em Chicago.

[5] *Idem, ibidem*, p. 63. Os *agents in charge*, como eram conhecidos os chefes das filiais do FBI, chegavam a receber, por esta época, 5.800 dólares por ano.

[6] Anthony Summers, *Official and confidential. The secret life of Edgar J. Hoover,* Nova York, G. P. Putnam's Sons, 1993, p. 46.

armas, jiujitsu e, fundamental para este caso, treinamento para interrogatórios.[7]

Willard tornara-se um típico agente do FBI. Não fugia à regra. Pudera! Para poder ingressar no Bureau, como todos os seus colegas, tivera sua vida investigada desde os registros escolares até cada uma de suas atividades, em busca de falhas de honestidade.[8]

Era um sábado de inverno de 1936 em Nova York quando o agente do FBI bateu à porta do apartamento da sra. Lenczycki. Algumas consultas já haviam sido feitas anteriormente, e Willard tivera o cuidado de telefonar para Machla Lenczyki na noite anterior, dia 3 de janeiro, a fim de que ela esperasse por ele. Os feriados de final de ano haviam atrapalhado um pouco as investigações, mas nada que pudesse comprometer o trabalho.

Toda a movimentação de Washington havia começado um pouco depois do Natal, no sábado, dia 28 de dezembro, quando o secretário de Estado, Cordell Hull, recebera um telegrama confidencial e codificado do embaixador americano no Rio de Janeiro, Hugh Gibson.[9]

Segundo a mensagem vinda da América Latina, a polícia brasileira havia prendido um homem de nome

---

[7] US Government, Federal Bureau of Investigations, *The story of the FBI,* Washington, US Government, 1945, p. 4, e Melvin Puris, *op. cit,* p. 55.

[8] US Government, Federal Bureau of Investigations, *The Story of the FBI*, p. 3.

[9] National Archives, M 1472, Departamento de Estado, telegrama recebido, de Gibson ao secretário de Estado, 28 de dezembro de 1935. Gibson foi embaixador americano no Brasil entre 1933 e 1937.

Harry Berger que estaria envolvido com a tentativa frustrada de comunistas de darem um golpe de Estado no Brasil no dia 27 de novembro. Harry Berger, segundo o embaixador, parecia ser alemão, mas a polícia brasileira mostrou-lhe seu passaporte americano[10] e o de uma mulher,[11] de nome Machla Lenczycki, que dizia ser sua esposa. As informações do embaixador eram de que, no mínimo, Berger teria sido o consultor técnico da recente revolta, embora não pudesse ainda ter certeza do fato. Mas a polícia brasileira insistia em afirmar que ele teria sido um importante representante do governo de Moscou na fomentação da revolta em Xangai.[12]

Ambos os passaportes apreendidos no Rio haviam sido emitidos pelo Departamento de Estado em 1932. O do homem, com o número 5422115, em 22 de julho, e o da mulher, de número 5473727, em 10 de agosto.

Não fora muito difícil para o fbi localizar Machla. O primeiro passo foi achar sua ficha de naturalização, feita no Bronx, onde constavam o nome e o endereço

---

[10] Passaporte americano número 5422115, expedido pelo Departamento em 22 de julho de 1922 – Harry NYC 78-2-1892 — Dap 21-1-1932, com número de renovação 366, de 30 de junho de 1934, assinado por J. B. Swayer, vice-cônsul, Xangai.

[11] Passaporte americano número 5473727, de 10 de agosto de 1932, renovado em 2 de julho de 1934, em Xangai, pelo vice-cônsul Swayer.

[12] National Archives, M 1472, Departamento de Estado, telegrama recebido, de Gibson ao secretário de Estado, 28 de dezembro de 1935.

das testemunhas apresentadas: seu irmão, George Turkewitz, Louis Schwartz e um tal Nathan Gold. Foi George quem forneceu o endereço do East Side ao Bureau.[13]

Aquele primeiro encontro de Willard com Machla no apartamento da rua 19 foi um pouco mais que um simples interrogatório. Além de checar as informações que já possuía, sobre data e local de nascimento, por exemplo, Willard fora lá com o intuito de dar uma olhada na moça, agora já com quarenta anos, e seguir a orientação de seu chefe imediato, sr. Kinsey, de ver sua certidão de nascimento e de naturalização para poder levantar seus antecedentes e conexões.[14] Essas informações eram importantes, porque as fotos encontradas na sessão de passaportes, nos documentos relativos ao passaporte de Machla, não eram dela.

A reação de Machla não convenceu Willard. Quando o agente do FBI pediu para que mostrasse sua certidão original de naturalização, ela disse que o documento estava extraviado, e que provavelmente esta-

---

[13]National Archives, M 1472, Departamento de Estado, de Hall Kinsey, agente especial encarregado NY, a R. C. Bannerman, chefe dos agentes especiais, Washington, 2 de janeiro de 1936.

[14]National Archives, M 1472, Departamento de Estado, de Hall Kinsey, agente especial encarregado NY, a R. C. Bannerman, chefe dos agentes especiais, Washington, 2 de janeiro de 1936; National Archives, M 1472, Departamento de Estado, de C. L. Willard, agente especial, a Hall Kinsey, agente especial encarregado NY, 4 de janeiro de 1936.

ria na casa de sua mãe. Machla explicou a Willard que, quando seu marido e ela se mudaram do quarto alugado que ficava na esquina da Belmond Ave com a 179th Street, há quatro anos, juntara todos os seus documentos de valor, inclusive sua certidão de casamento, seu visa e sua certidão de naturalização, e colocara-os em uma pequena caixa de madeira, embrulhada em uma trouxa, para que fosse transportada para a casa do irmão. Depois disso, não conseguia lembrar-se de ter visto os documentos. Certa vez, até foi-lhe pedido que apresentasse o certificado para o Conselho Eleitoral, mas, como não estava particularmente interessada em votar, não se deu ao trabalho de procurar pela papelada na casa da mãe.[15]

Willard deixou o local e pensou em como faria seu relatório. A sra. Lenczycki não havia identificado a fotografia da mulher que requereu o passaporte em seu nome na agência local, em 9 de agosto de 1932, como também não identificou a foto da pessoa que havia recebido o passaporte em nome de Harry Berger. Sequer sabia de qualquer sr. Wolf, Louis Schwartz ou Harry Goodman, que teriam sido testemunhas do tal Berger e da mulher que no Brasil se fazia passar por Machla.[16]

Willard levou em conta que, apesar de a sra. Lenczycki ter se mostrado muito chocada e desconcertada com o fato de uma pessoa ter usado seu nome

---

[15]National Archives, M 1472, Departamento de Estado, de C. L. Willard, agente especial, a Hall Kinsey, agente especial encarregado NY, 4 de janeiro de 1936.
[16]*Idem, ibidem.*

para o pedido de um passaporte, não estava completamente satisfeito a respeito de sua inocência. No próprio relatório, sugeriu que a correspondência dos Lenczycki fosse vigiada. Poderia ser que eles recebessem algum tipo de literatura comunista, e esta seria uma pista importante. Devia-se levar em conta que a mulher parecia bastante inteligente, que falava inglês muito bem e que era bem possível que ela tivesse deliberadamente entregue seu certificado de naturalização à impostora.[17]

O caso, na realidade, era muito estranho. Logo depois que a sra. R. B. Shipley, chefe da Divisão de Passaportes em Washington, havia enviado ao sr. Bannerman as cópias fotográficas dos requerimentos de passaporte de Berger e Lenczyki, o Departamento tratou de remetê-las a Nova York a fim de que as investigações pudessem ser iniciadas. Cópias fotográficas também haviam sido feitas dos requerimentos de passaporte de Louis Schwartz, e Nathan Gold, as testemunhas de identificação de Machla. Deu-se início, então, à busca por pistas que pudessem elucidar quem eram Harry Berger e Machla Lenczycki.

As investigações relativas a Berger comprovadamente se tornariam as mais difíceis, por isso era tão importante esclarecer bem o caso envolvendo a imigrante polonesa. Como a mulher presa no Brasil não era a verdadeira Machla, presumia-se que seu companheiro também não fosse o verdadeiro Berger. Mas sabia-se, desde logo, que a certidão americana de nascimento do homem, apresentada à sessão de passapor-

---

[17]*Idem, ibidem.*

tes, era verdadeira, o que contrastava com o sotaque alemão percebido pelo embaixador no Rio de Janeiro.

O agente Tubbs tomou a iniciativa de telefonar ao Departamento de Saúde naquela mesma terça-feira para ver se eles possuíam a ficha da parteira Josefa Rosenman, que teria assistido ao trabalho de parto no nascimento de Harry Berger, ali mesmo em Nova York, em 1892. O endereço de Rosenman seria a Sheriff Street, 83. Mas ninguém tinha qualquer notícia sobre ela.

Depois, Tubbs resolveu ir até a Rivington Street, 315, o endereço residencial do pedido de renovação do passaporte de Berger. Acabou interrogando pessoas da vizinhança que comprovariam as suspeitas sobre as dificuldades de investigá-lo. Uma dessas pessoas era o sr. Gelb, que morava há trinta anos no prédio da Rivington Street e que jamais havia tido notícia do homem procurado por Tubbs. Foi o próprio Gelb quem informou que conhecia apenas uma família Berger nas redondezas, mas morava no segundo andar do número 309 da Rivington. Essa família Berger, entretanto, residia no mesmo endereço há 14 anos e nunca soubera da existência de quaisquer outros Bergers na vizinhança.[18]

As pistas não eram fáceis de serem levantadas. No dia anterior, antes de investigar Lenczycki, Willard havia conseguido localizar uma das testemunhas apresentadas por Berger no setor de passaportes. Era Harry S. Goodman, gerente da Publisher Verifield Service

---

[18] National Archives, M 1472, Departamento de Estado, de L. C. Tubbs, agente especial, a H. Kinsey, agente especial encarregado, 3 de janeiro de 1936.

Incorporation, que disse lembrar-se vagamente do nome e da fotografia que lhe foi mostrada. Provavelmente o sujeito da foto, o tal Berger, seria o amigo de um conhecido sueco, de cujo nome sequer lembrava, e que havia pedido que ele, Goodman, fosse ser testemunha de identificação na requisição do passaporte de Berger. Willard lembrou a Goodman que declarara às autoridades conhecer Berger há cinco ou seis anos, mas Goodman simplesmente respondeu que conhecia centenas de pessoas, e havia levado em consideração a afirmação de identidade dada por seu amigo sueco.[19]

Na Mapes Avenue, 2011, Bronx, um prédio para cerca de vinte famílias, endereço dado por Berger quando solicitou seu passaporte, ninguém jamais tinha visto o casal das fotografias, mas vizinhos mais antigos, de sete ou oito anos, confirmaram que havia tido um senhor e senhora Harry Berger naquele endereço há três ou quatro anos. Ninguém sabia informar ao FBI nada sobre sua ocupação, antecedentes, amigos, tempo de residência, desocupação do apartamento e destino dos moradores, nem mesmo a sra. Shafer, proprietária do prédio, que não conseguiu sequer achar o nome de Harry Berger entre seus inquilinos. Shafer achava possível que algum inquilino seu hospedasse os Bergers sem que ela soubesse. A única alternativa de Willard, na quarta-feira, era pedir aos agentes do Correio que verificassem se não houvera qualquer comunicado

---

[19]National Archives, M 1472, Departamento de Estado, de C. L. Willard, agente especial, a Hall Kinsey, agente especial encarregado, 2 de janeiro de 1936.

de mudança de endereço em nome de Harry Berger na Mapes Avenue, 2011, Bronx.[20]

No endereço comercial dado por Berger,[21] a Construction Supplies Company of America, número 500 da Quinta Avenida, em Manhattan, também nada sabia de Berger. Max Nathan, um dos sócios da firma, garantiu a Willard, na terça-feira, nunca ter ouvido falar de Berger, e que, em 1934, a Companhia era representada em Xangai pelo inglês C. F. Lloyd, e que este nunca havia empregado Berger. Nathan não reconheceu o homem nas fotos e afirmou ter estado em Xangai entre setembro de 1933 e 30 de abril de 1934, período muito próximo à renovação do passaporte de Harry Berger.[22]

Terminado o trabalho de rua e voltando para o escritório do FBI, no número 370[23] da Lexinton Avenue, em Manhattan, a avaliação que Kinsey mandou de Nova York a seu superior, sr. Bannerman, o chefe dos

---

[20] National Archives, M 1472, Departamento de Estado, de C. L. Willard, agente especial, a Hall Kinsey, agente especial encarregado, 4 de janeiro de 1936.

[21] A informação sobre endereço comercial havia sido dada na renovação do passaporte, em 30 de junho de 1934. Berger havia afirmado, em Xangai, que seria representante comercial da empresa na China.

[22] National Archives, M 1472, Departamento de Estado, de C. L Willard, agente especial, a Hall Kinsey, agente especial encarregado, 2 de janeiro de 1936.

[23] Sala 1403. Em: US Government, Departament of Justice, *The Work Function of The Division of Investigation*. Published to the Information of Law Enforcement Official and Agencies, Washington, julho 1934, p. 3.

agentes especiais em Washington, era de que esses depoimentos de Goodman e de Nathan eram em sua quase totalidade falsos.[24]

As investigações continuavam difíceis, e o caso ainda estava sendo tratado em caráter sigiloso, não só nos Estados Unidos como na América Latina. A polícia brasileira sequer havia divulgado a notícia da prisão de Harry Berger e Machla Lenczycki, mas o sigilo não deveria durar muito tempo, pelo menos no caso do Brasil.

Apesar de todos os obstáculos, o FBI estava muito bem familiarizado com investigações sobre comunistas. Tanto Willard como o resto dos agentes estavam treinados para deparar com aquele tipo de atividade. Afinal de contas, desde 1919,[25] há quase vinte anos, o FBI estava envolvidíssimo com a repressão ao comunismo e mantinha, por iniciativa de Edgar Hoover, ainda quando era o assistente de direção do FBI, um massudo fichário sobre militantes e simpatizantes de esquerda, com referências cruzadas e biografias.[26]

---

[24] National Archives, M 1472, Departamento de Estado, de H. Kinsey, agente especial encarregado, a R. C. Bannerman, chefe dos agentes especiais, 2 de janeiro de 1936.

[25] Além das repercussões sobre a vitória da Revolução de 1917 na Rússia, a classe média americana ficou muito impressionada com as mais de três mil greves de trabalhadores ocorridas em 1919 nos Estados Unidos e dos vários atentados à bomba. Anthony Summers, *op. cit.*, p. 36.

[26] Anthony Summers, *op. cit.*, p. 36. Em 1919, época do Red Scare, eram 500 mil nomes e 60 mil biografias.

As leis também ajudavam no controle policial. Em 1903, os anarquistas já não podiam entrar nos Estados Unidos, e o decreto de 5 de fevereiro de 1917 aumentou a classe dos deportáveis e introduziu o requerimento de deportação sem limite para os casos mais sérios. O decreto de 16 de outubro de 1918 excluía anarquistas e defensores de outras ideologias que pretendessem a derrubada do governo. O decreto de 22 de maio de 1918 autorizava o presidente dos Estados Unidos a controlar a saída e a entrada de imigrantes e expulsar aqueles cuja presença fosse contrária à segurança nacional.[27]

A insistente campanha que se fazia contra comunistas, há mais de 15 anos, também contribuía. Além disso, o prestígio do Bureau aumentara bastante desde que o repórter Rex Collier fizera um contrato especial com Hoover para colocar no ar, sob o controle do diretor do FBI, a série de rádio *G-Men*, que narrava casos famosos envolvendo os agentes do Bureau,[28] ou *G-Men*, abreviatura de *Government Men*, como eles gostavam de ser chamados depois que o *gangster* Machine-Gun Kelly popularizou este nome.[29]

O próximo passo dos agentes do FBI no caso seria pressionar as testemunhas usadas para tirar os passaportes. Na segunda-feira pela manhã do dia 6 de janeiro, C. L. Willard resolveu visitar o dr. Louis Schwartz, um dentista judeu, que possuía um consultório na

---

[27] Vide Anexo.
[28] Cf. Anthony Summers, *op. cit.*, p. 101.
[29] US Government, Federal Bureau of Investigations, *The Story of the FBI*, p. 2.

Union Square West, número 1, bem no entroncamento da Broadway com a rua 15, nas imediações do Lower East Side.

Assim como Goodman, Schwartz disse que só fora testemunha, em 9 de agosto de 1932, como um favor a um de seus clientes, amigo da requerente. Achava que o paciente era Wolf, residente, naquela época, não muito longe dali, na University Place, 127. Willard conseguiu deixar o dentista bastante perturbado, principalmente depois que perguntou o motivo de ele dizer que mal tivera conhecimento da mulher para quem servira de testemunha, quando constava na ficha do passaporte de sua declaração que a conhecia há mais de sete anos.

Willard ainda perguntou ao dentista as razões que Machla teria para pedir-lhe que fosse sua testemunha. A resposta foi que provavelmente a requerente do passaporte tivesse presumido que causaria boa impressão à agência ser identificada por um profissional. Mas nada daquilo convenceu o agente do FBI: não existia qualquer alusão no requerimento de que Schwartz fosse um cirurgião-dentista. Como identidade, ele havia apresentado sua licença de motorista. Willard supunha que, nesse caso, um profissional apresentaria sua carteira ou um certificado de membro de uma organização profissional.[30]

Willard resolveu voltar ao escritório e informar seus superiores de que não estava de todo satisfeito

---

[30] National Archives, M 1472, Departamento de Estado, de C. L. Willard, agente especial, a A. R. Burr, agente especial responsável NY, 6 de janeiro de 1936.

com a proclamada inocência de Schwartz,[31] ou de Machla Lenczycki, que comparecera ao escritório pela manhã para dizer que fora à casa de sua mãe, mas que não conseguira encontrar a caixa com seus documentos. As buscas de Machla agora seriam feitas na casa do irmão Manuel Turkewitz.

Nesta fase das investigações, tanto o FBI quanto o Departamento de Estado já estavam convencidos de que havia, provavelmente, um envolvimento de militantes comunistas em Nova York na obtenção dos passaportes encontrados pela polícia de Filinto Müller no Rio de Janeiro. Aliás, os alemães vinham afirmando com insistência, desde a tentativa do golpe, em novembro, que Moscou estava comprometida com a operação.[32]

Era preciso apressar as investigações. Na segunda-feira, dia 6, a polícia brasileira anunciaria à imprensa que um homem e uma mulher com passaportes americanos haviam sido capturados. Os principais jornais brasileiros publicariam, no dia seguinte, artigos de primeira página acompanhados de cópias do material apreendido pela polícia.[33] *O Estadão* dizia que "as

---

[31]*Idem, ibidem.*

[32]Há, a esse respeito, comentários do jornal *Izvestya*, publicados em 15 de dezembro, negando a participação de Moscou no levante de novembro, com o nome de "A respeito de falsidades provocativas", e acusando Berlim de ser responsável pelo abortado levante da Guerra dos Veteranos da Estônia.

[33]O *Correio da Manhã* tinha a reprodução do salvo-conduto expedido a Luís Carlos Prestes; o *Jornal do Brasil*, a reprodução de notas de Berger em inglês sobre o

autoridades brasileiras receberam (...) informações de que se encontrava (no Rio de Janeiro) um judeu, que desempenhara importante papel na China em favor do governo russo e representara em Xangai, durante muito tempo, os interesses da Internacional Comunista (...). Harry Berger é seu nome. Natural da Alemanha, de origem judaica (...), conseguiu nos Estados Unidos naturalizar-se cidadão norte-americano e depois rumou para o Uruguai (...) Harry Berger orientou a revolução comunista em Xangai, saindo dali em 2 de agosto daquele ano. Sua mulher, Elise Ewert, nome de solteira Saborowsky, apelido Sabo, chegou a Montevidéu, onde esteve com Berger, em 8 de abril de 1932. Harry Berger, que também usa o nome de Arthur Ewert, chegou ao Brasil a bordo do *Mendoza* (...). Interrogado, limita-se a dizer que é comunista".[34]

O embaixador americano no Rio queixava-se ao Departamento de Estado que as prisões haviam sido trazidas à tona como aspecto sensacionalista e que a Embaixada estava sendo molestada por vários questionamentos, mas encontrava-se em situação de embaraço porque não tinha informações nem de Berger nem de Machla.[35]

---

trabalho realizado em São Paulo; e *A Noite*, a reprodução dos passaportes.

[34] *O Estado de S. Paulo,* Ano LXII, nº 20316, 7 de janeiro de 1936. Manchete de primeira página, mas sem grande ênfase.

[35] National Archives, M 1472, Departamento de Estado, de Gibson ao secretário de Estado, 7 de janeiro de 1936, telegrama recebido às 15h45.

Sem dúvida, os alemães estavam fornecendo informações sobre Harry Berger e sua mulher às autoridades brasileiras. Era preciso esclarecer o caso. Na terça-feira, dia 7 de janeiro, antes de encerrar o expediente, às 17h40, o próprio secretário de Estado, Cordell Hull, enviava um telegrama reservado ao cônsul americano em Xangai para que mandasse toda a informação obtida a respeito de Harry Berger e Machla Lenczycki, com a observação de que ambos podiam ser impostores e possivelmente agentes comunistas.[36]

A Hugh Gibson, no Rio de Janeiro, Hull enviou as cópias fotostáticas relativas aos passaportes e aos formulários de revalidação do casal. Em caráter estritamente confidencial, explicava que as pessoas cujos documentos de naturalização haviam sido usados para fazer os passaportes viviam atualmente em Nova York e instruía o embaixador a interrogar ambos os prisioneiros a respeito de parentes e amigos nos Estados Unidos. No caso de Berger, que investigasse sobre serviço militar ou registro de arma. Isso iria ajudar nas investigações em Nova York e em Washington.[37] Pedia ao embaixador que informasse, pelo cabograma, se as fotografias dos passaportes de Machla e Berger eram duplicatas das que apareciam nos formulários ameri-

---

[36]National Archives, M 1472, Departamento de Estado, 832.000 — Revolutions/487, telegrama remetido, Hull ao cônsul americano, Xangai, 7 de janeiro de 1936.

[37]National Archives, M 1472, Departamento de Estado, do Departamento de Estado à Embaixada Americana no Rio de Janeiro, estritamente confidencial, 7 de janeiro de 1936.

canos. Se não fossem, ele gostaria de receber, via aérea, as fotografias e a descrição de ambos os prisioneiros. De qualquer forma, queria suas digitais e mostras de sua caligrafia,[38] bem como a cópia de todos os documentos e papéis encontrados com eles ou relativos a eles e a cópia dos passaportes e das páginas que possuíssem anotações relativas a seu uso. Hull ainda pedia para ser esclarecido se, entre os documentos, havia qualquer formulário mimeografado que tivesse sido preenchido com descrições, chegada aos Estados Unidos, parentes, pessoas importantes, ou outro tipo de informações. Segundo o secretário de Estado, a documentação também era importante para qualquer possibilidade de se abrir processo de expulsão contra as pessoas envolvidas na adulteração dos passaportes. O Departamento estava quase convencido de que a fraude ocorrera por ocasião do requerimento dos passaportes.[39]

Àquela altura, todo o pessoal envolvido na investigação já sabia que a Machla Lenczycki presa no Brasil era uma impostora. A verdadeira continuava a trabalhar como telefonista na Belldene Dress Company. Quem seria então o verdadeiro Harry Berger, já

---

[38] O pedido relativo à mostra de caligrafia consta de telegrama enviado às 19h no dia 7 de janeiro. National Archives, M 1472, Departamento de Estado, do secretário de Estado ao embaixador no Rio, estritamente confidencial.

[39] National Archives, M 1472, Departamento de Estado, estritamente confidencial, do secretário de Estado ao embaixador americano no Rio de Janeiro, 7 de janeiro de 1936.

que a certidão de nascimento apresentada na agência de passaportes não era falsificada?

Foi dada a Tubbs a tarefa de procurar pelos pais de Berger, Israel e Sally. Naquela mesma terça-feira, o agente do Bureau telefonou à Biblioteca Pública para checar qualquer possibilidade de encontrar nos guias da cidade a família Israel Berger, da Rivington Street. Tubbs pesquisou pessoalmente todos os guias disponíveis desde 1888, e a primeira referência a um Israel Berger foi a de um sapateiro na Eldridge Street, 204, em 1891. Em 1892 e 1893, Tubbs encontrou um alfaiate na Rivington Street e, em 1922, um Harry Berger na Rivington Street, 212.[40]

Com exceção dos três, não foi achada qualquer referência aos nomes Israel Berger, Harry Berger ou Sally Berger na Rivington Street. Mas Tubbs informou que no guia de Nova York de 1933 havia cerca de quarenta pessoas com o nome de Harry Berger, mas nenhuma na Rivington Street ou na Mapes Avenue, no Bronx. Era quase impossível, na avaliação de Tubbs, dizer, por esses dados, se o Harry Berger procurado estava entre os de Nova York.[41]

Havia já um certo clima de intranqüilidade entre as autoridades americanas. Por mais rápido que procurassem, não conseguiam ter provas definitivas sobre a fraude e as pessoas nela envolvidas. O FBI havia até pedido a cooperação ativa do inspetor-chefe da polícia

---

[40] National Archives, M 1472, Departamento de Estado, de L. C. Tubbs, agente especial, a A. R. Burr, agente especial responsável NY, memorando, 7 de janeiro de 1936.
[41] *Idem, ibidem.*

de Nova York,[42] mas nada de concreto ou relevante fora conseguido sobre o caso ou as atividades do casal preso no Brasil.

No dia 8 de janeiro, a chefe do Bureau de Passaportes, sra. Shipley, telefonou de Washington a Burr, chefe da agência do FBI em Nova York, cobrando resultados. Por telefone, Shipley disse achar necessário chamar outras agências do governo para que se prosseguissem as investigações.[43] A irritação de Shipley provavelmente vinha do fato de que seu setor fora o responsável por permitir que a fraude fosse realizada. Sabia-se que todos os cuidados eram necessários porque, além de manter centrais de falsificação de passaportes na Europa, a rede comunista costumava valer-se de passaportes americanos porque eles eram facilmente aceitos em todo o mundo.

Shipley também comunicou a Burr, desta vez por escrito, que Machla, ao pedir a renovação do passaporte em Xangai, em 1934, deu seu endereço como sendo no Brooklyn, East New York Avenue, 1200. Aliás, disse ela, o mesmo endereço dado em 1934 por Esther Michel Rigerman, que também usava o nome de Esther Michel, e sobre a qual ambos haviam trocado muitas informações em 1934. Shipley achava

---

[42]National Archives, M 1472, Departamento de Estado, de A. R. Burr, agente especial encarregado, a R. B. Shipley, chefe da Divisão de Passaportes, 8 de janeiro de 1936.

[43]*Idem, ibidem.*

importante informar ao FBI que Rigerman estava agora em Moscou pedindo nova renovação de passaporte.[44]

A resposta de Burr foi de que precisava de mais alguns dias e sugeriu que Shipley comparasse a foto de Berger, que aparecia no formulário de requisição de passaporte, com a constante nos arquivos de sua repartição sobre comunistas conhecidos. Burr achava Berger muito parecido com o notório Henry G. Lynd.[45] Ainda naquele mesmo dia, o chefe do escritório do FBI mandou Willard, que se dedicava em tempo total ao caso, verificar o endereço da New York Avenue.

Willard procurou, primeiro, a proprietária dos 23 apartamentos do prédio, sra. Goldstein, e mostrou-lhe as fotografias dos prisioneiros brasileiros. Mas nenhuma identificação pôde ser feita; além disso, os nomes de Berger e de Lenczyki nada significavam para ela. Entretanto, a sra. Goldstein disse que em 1933 havia tido um inquilino indesejável que, sob o nome de Gordon, dividia o apartamento com uma mulher, supostamente sua esposa, Bessie Gordon. Ajudada por uma inquilina, a sra. Siskind lembrara-se que os Gordons viviam com a casa em desordem e que, de tempos em tempos, eram visitados por muitos homens e mulheres de tipos variados, até que a sra. Goldstein pediu que deixassem o apartamento, em julho de 1933. Tal-

---

[44] National Archives, M 1472, Departamento de Estado, de R. B. Shipley, chefe da Divisão de Passaportes, a A. R. Burr, agente especial encarregado, 8 de janeiro de 1936.

[45] National Archives, M 1472, Departamento de Estado, de A. R. Burr, agente especial encarregado, a R. B. Shipley, chefe da Divisão de Passaportes, 8 de janeiro de 1936.

vez, ainda disse a proprietária antes de Willard ir embora, a foto da mulher recordasse vagamente uma das que constantemente visitavam os Gordons, mas isso era pouco positivo.[46]

A estratégia do FBI agora precisava ser mudada. Havia muita pressão, e Willard resolveu ser bastante agressivo na nova visita que fez naquele mesmo dia a Harry Goodman, a testemunha de identificação de Berger, que insistia em não se lembrar de nada, afirmando apenas ter pensado bastante e recordar-se de que o nome de seu amigo sueco, em favor de quem identificou Berger, era Ozo. O investigador disse finalmente a Goodman que ele estava sendo responsabilizado pelo governo americano por qualquer fraude que pudesse ser identificada no formulário de requerimento, e que seria muito bom que ele fizesse um grande e honesto esforço para obter informações sobre Harry Berger.[47]

As investigações prosseguiam, mas tanto na quarta quanto na quinta-feira nada de concreto pôde ser levantado. Sabia-se, entretanto, por intermédio do adido militar americano no Brasil, major William Sackville, que a Embaixada brasileira em Montevidéu avisara o governo uruguaio de que o levante de novembro havia sido instigado e ajudado por Moscou, via intermediação da Legação Soviética em Montevidéu, com movimentação de grande quantidade de cheques

---

[46]National Archives, M 1472, Departamento de Estado, de C. L. Willard, agente especial, a A. R. Burr, agente especial encarregado, 8 de janeiro de 1936.

[47]*Idem, ibidem.*

ao portador.[48] Mesmo com o levante brasileiro tomando o contorno de ter sido fruto de uma trama internacional, e, portanto, adquirindo conotações mais sérias para o FBI, na sexta-feira, dia 10 de janeiro, 13 dias depois de o caso ter sido aberto em Washington, A. R. Burr fora obrigado a escrever para a sra. Shipley e dizer que nada de produtivo havia sido apurado, embora já tivessem a certeza de que Goodman fosse um comunista. Quanto ao assustado dentista Schwartz, o FBI ficara sabendo que havia contratado como advogado Abraham Targum, que tinha escritório na Mace Avenue, Bronx, coração de um distrito comunista, e cujos clientes seriam, em sua maioria, membros do Partido. Haviam também feito um exame no fichário sobre pessoas falecidas, mas não encontraram nenhum Harry Berger que se encaixasse na descrição.[49]

O Bureau contava, segundo Burr, com a ajuda da velha Bomb Squad (esquadrão de bombas) e da Alien Squad (esquadrão de estrangeiros) da polícia, que estavam vasculhando suas fichas num esforço para identificar Harry Berger, mas sem muitas esperanças, enquanto não pudessem contar com as impressões digitais que deveriam vir do Rio.

---

[48]National Archives, M 1472, Departamento de Estado, de William Sackville, adido militar no Brasil, ao Departamento de Estado. Report 1584, confidencial, de 8 de janeiro de 1936.

[49]National Archives, M 1472, Departamento de Estado, de A. R. Burr, agente especial encarregado, a R. B. Shipley, chefe da Divisão de Passaportes, 10 de janeiro de 1936.

Quanto a Machla Lenczycki, ela viera à sede do Bureau entregar seu antigo passaporte polonês e confirmar que seus outros documentos foram possivelmente roubados de seu apartamento por algum desconhecido. Com mais esta desculpa, os agentes já estavam certos de que ela não desconhecia a identidade da mulher presa no Brasil.[50] Sabiam também que, antes de ser presa, a Machla Lenczycki do Rio de Janeiro havia tido tempo suficiente para queimar documentos, embora não tivesse podido dar sumiço nos mil dólares escondidos por Berger.[51]

A resposta da Divisão de Passaportes sobre as poucas informações dadas por Burr foi lacônica. Como tratava de fazer investigações por conta própria em seus arquivos, solicitara diretamente à Navy 3951,[52] sede do FBI em Washington, que os agentes voltassem ao endereço do Brooklyn, na New York Avenue, para investigar a sra. Siskind, que conversara com Willard. No material pesquisado pelo pessoal da Divisão, ela estava relacionada a atividades comunistas.[53] Além disso, havia o fato, não explorado, de Esther Michel Rigerman ter sido inquilina no mesmo endereço.

---

[50]*Idem, ibidem.*
[51]National Archives, M 1472, Departamento de Estado, de Hugh Gibson, embaixador no Rio de Janeiro, ao secretário de Estado. Ofício 908, 9 de janeiro de 1936.
[52]US Government, Department of Justice, *The work and function of the Division of Investigation,* p. 4.
[53]National Archives, M 1472, Departamento de Estado, de R. B. Shipley, chefe da Divisão de Passaportes, a A. R. Bannerman, chefe dos agentes especiais em Washington, 10 de janeiro de 1936.

A Divisão havia sido mais ágil e mais esperta que o FBI; e cada vez mais informações confirmando o amplo envolvimento comunista internacional começavam a chegar. Não havia alternativa senão voltar ao prédio da sra. Goldstein. Sobre a família Siskind, Willard não conseguiu apurar nada de interessante, mas sobre os Michels as investigações seriam mais elucidativas.

Com a assistência do Emergency Home Relief Bureau, uma espécie de agência social do governo para assentamento e moradia, o agente Willard conseguiu descobrir o endereço atualizado dos pais de Esther, Jacob Michel e Sarah Dubinsky. Os Michels foram localizados na St. Marks Avenue, 1587, no Brooklyn. Com eles moravam as filhas Sadie Ryack e Geraldine Ryack.

Willard visitou o endereço dos Michels e convidou a sra. Michel, único membro da família presente naquele momento, a dar uma olhada nas fotografias. Isso foi feito sob o pretexto de investigar o pedido de renovação de passaporte de sua filha Esther. Sarah negou que as fotos fossem de sua filha e de seu genro. Admitiu, entretanto, que ambos, Esther e seu marido, estivessem na Rússia empregados pelo governo soviético.

Foi por intermédio de uma sugestão de Sarah Goldstein que o agente Willard chegou a Hattie e Max Rubin, ex-amigos dos Michels, moradores da East New York Avenue, 1200, no Brooklyn. Willard ficou satisfeito, pois a sra. Rubin colaborou bastante no sentido de denunciar a família Michel como perigosos comunistas e anarquistas. Afirmou que Jacob Michel recebeu auxílio social por muitos anos, embora durante esse tempo estivesse empregado em lugares que não sabia informar. Disse ainda que, embora a filha dos Michels, Sadie, estivesse empregada como balconista do *Daily Worker*, jornal comunista local, recebia constantemente empréstimos do Emergency Relief Bureau, uma agência social do governo para necessitados. Sadie, segundo a sra. Rubin, seria um tipo libertino que, embora dissesse ser esposa de um tal Isaak Ryjok, era conhecida por manter relacionamentos amorosos com vários outros homens. Ryjok, por sua vez, seria um dos líderes na organização do Partido Comunista que, preso em 1934 na China, teria depois retornado aos Estados Unidos.

Além dessas informações, a ex-amiga dos Michel identificou a fotografia da Machla Lenczycki presa no Rio como uma das inúmeras visitas recebidas pelos Michels no apartamento da New York Avenue, e contou que a casa era palco de muitos encontros e de pequenas reuniões, com constantes hóspedes e visitas, principalmente à noite. Postulou ainda que, para os Michels, os nomes não tinham qualquer importância, já que confessaram a ela terem votado no Brooklyn e no Bronx se utilizando de vários nomes.

Willard poderia agora fazer um relatório bem substancioso ao Bureau. Parecia bastante claro que havia uma rede bem ampla e internacional sustentando o trabalho clandestino do Partido Comunista Americano. Evidentemente, Willard não esqueceria de mencionar dois pontos importantes no relato que faria ao senhor Burr: o primeiro, era o fato de que se acreditava que Ryjok, o genro dos Michels, estivesse residindo em Youngstown, Ohio, nos últimos 12 meses, ou talvez mais, onde estaria tentando organizar e liderar uma greve nas plantas industriais de Youngstown e vizinhanças; e o segundo ponto, de que Albert Goldstein, membro da editoria do *Daily Worker*, também teria residido na New York Avenue, por aproximadamente dois anos, até 7 de janeiro de 1936, quando se mudou, segundo a proprietária do prédio, para a St. Johns Place, 1174, no Brooklyn.[54]

Finalmente a investigação em Xangai começava a dar frutos. A Divisão de Passaportes já sabia que, na China, Harry Berger estivera associado a Paul Eugene Walsh, também suspeito de atividades comunistas, cujo endereço em Nova York seria a 19th Street, 359. O mesmo endereço de Romano Segatto, que, por sinal, constava da caderneta de um tal Anthony Monteforte, investigado pelo FBI e pela Divisão, em 29 de fevereiro de 1932.[55] Rapidamente o FBI descobriria que todas as informações dadas por Walsh para requerimento de passaporte eram falsas, inclusive suas testemunhas. Sua real identidade parecia ser Orville O. Stillman, de Providence.[56]

---

[54] National Archives, M 1472, Departamento de Estado, de C. L. Willard, agente especial, a A. R. Burr, agente especial encarregado, 14 de janeiro de 1936.

[55] National Archives, Departamento de Estado, de R. B. Shipley, chefe da Divisão de Passaportes, a A. R. Bannerman, chefe dos agentes especiais, confidencial, 13 de janeiro de 1936.

[56] National Archives, M 1472, Departamento de Estado, de A. R. Burr, agente especial encarregado, a R. C. Bannerman, chefe dos agentes especiais, 14 de janeiro de 1936.

A essa altura dos acontecimentos, o secretário Cordell Hull havia recebido em Washington importantes informações do Rio de Janeiro. O ministro das Relações Exteriores do Brasil, José Carlos de Macedo Soares, entregara as cópias fotostáticas de um passaporte alemão, expedido em nome de Elise Ewert e encontrado entre os documentos pertencentes à Machla Lenczycki, presa no Brasil, contendo um visto temporário de visitante, expedido pelo cônsul americano em Montevidéu e mostrando carimbo de entrada em Nova York no dia 25 de maio de 1932.[57] Ou seja, menos de três meses antes de o passaporte em nome de Machla ter sido requerido nos Estados Unidos, o que significava ser muito provável que Elise Ewert tenha ido pessoalmente à agência de passaportes tirar o documento em nome de Machla Lenczycki.

Pelo telegrama que recebera, Cordell Hull também fora informado de que, entre a papelada de Berger, havia a cópia de uma certidão de nascimento e de um requerimento do Departamento de Saúde de Nova York, datada de 29 de junho de 1932, onde constava como endereço 181 East Street, número 814. Além disso, o que confirmaria as suspeitas do agente Willard, havia uma carta endereçada a Berger pela Construction Supplies Company of America, número 500 da Fifth Avenue, datada de 8 de agosto de 1932 e assinada por Leon S. Kahn, onde se autorizava Harry

---

[57]National Archives, M 1472, Departamento de Estado, da Embaixada Americana no Rio de Janeiro ao secretário de Estado, 14 de janeiro de 1936, telegrama recebido às 20h45.

Berger a promover a venda de medicamentos americanos na China como seu representante. Na carta havia uma referência a Claude L. Lloyd, como chefe da representação da Construction Supplies na China. Mas, o mais estranho de tudo era que uma companhia, que estava ostensivamente engajada em vender material de construção detalhava na carta transações envolvendo o desejo de vender medicamentos diretamente a médicos chineses.[58]

Na quarta-feira, 15 de janeiro, a Embaixada Americana no Rio finalmente conseguira fazer sua primeira entrevista com os presos. Usando de contatos pessoais, Theodore Xanthaky, da Embaixada americana, obtivera da polícia brasileira a permissão de ver Berger e Elise em particular e quando quisesse.

Na entrevista, Berger contou sua história.

Disse abertamente que era um organizador político do Partido Comunista, engajado no movimento por cerca de trinta anos; que seu nome verdadeiro era Arthur Ernest Ewert; que Lenczycki era na realidade Elise Ewert, não Saborowski, ambos nascidos na Alemanha; e que foi membro do Reichstag de 1928 a 1930. Confidenciou a Xanthaky que no final de 1934 havia sido requisitado pelo Partido Comunista, presumivelmente pela instância do Comintern, para dirigir o trabalho político na América Latina. Mas já havia estado anteriormente em Montevidéu, no final de 1930, e lá é que encontrara Luís Carlos Prestes, o líder brasileiro da revolta de novembro. Em 1932, depois de dirigir o trabalho comunista na América Latina por

---

[58]*Idem, ibidem.*

dois anos, foi requisitado novamente, pelo Comintern, presumiu Xanthaky, para organizar o trabalho político em Xangai.

Foi neste momento que ele e sua esposa obtiveram visas americanos em Montevidéu para seus passaportes alemães, que usaram até sua chegada nos Estados Unidos, quando, com a ajuda de amigos, fraudulentamente, obtiveram passaportes americanos. Segundo Berger, os novos passaportes seriam necessários porque ele achou que a missão à China estaria comprometida se viajasse com seu próprio nome, uma vez que era internacionalmente conhecido como membro comunista do Reichstag.

Depois de passarem pelos Estados Unidos, ambos teriam ficado na China por dois anos e retornado a Southampton em 1934. Já no Brasil, seu principal trabalho tinha sido o de ajudar Luís Carlos Prestes a construir o Partido Comunista e, como eventual objetivo, tomar o Brasil por completo com a ajuda da Aliança Nacional Libertadora (ANL). Mas o movimento crescera de tamanho e importância com uma rapidez inesperada. Berger até mesmo achava que, se o levante acontecido em novembro de 1935 não houvesse sido prematuro, seria provavelmente vitorioso em um futuro próximo. Mas a revolução estourara precocemente com conseqüências desastrosas, para sua surpresa e de Prestes.

Em função de seu trabalho, Harry Berger confessou que tinha contato diário com Prestes até há bem pouco tempo, mas não possuía contato pessoal com os líderes militares brasileiros do golpe, trabalho sob a responsabilidade de Prestes.

Ainda disse a Theodore Xanthaky que, de maneira geral, os partidos comunistas fortes ajudam os fracos e ele havia efetivamente recebido emissões, para suas despesas pessoais, do PC Alemão e há alguns meses começara a receber fundos do PC Americano. Não seriam grandes somas, e ele e Elise, em função disso, viviam modestamente. Negou que a Legação Soviética de Montevidéu tivesse qualquer participação no recente levante; nem mesmo conhecia Mikin, o ministro soviético, e, segundo seus conhecimentos, nem a Legação nem a Yumtorg, a agência comercial soviética em Nova York, contribuíram financeiramente com o movimento no Brasil.

Encerrou a entrevista afirmando ser amigo de Earl Brower, o secretário do PC Americano, com sede na 13 West Street, em Nova York, e salientando que, embora Elise tenha participado do trabalho político em outros países, não teve qualquer envolvimento no Brasil.

Elise Ewert falou separadamente com Xanthaky e contou praticamente a mesma história. Acrescentou que deixaram a Alemanha em 1914, pouco antes da guerra, e foram para o Canadá. Depois, ela entrou legalmente nos Estados Unidos, trabalhando em várias cidades durante o período da guerra. Ambos foram deportados do Canadá para a Alemanha,[59] onde se ca -

---

[59] Fernando Morais afirma que no Canadá eles usavam o nome de Arthur Brown e Annie Bancourt, mas é difícil avaliar as afirmações de Morais. Além de o autor não especificar absolutamente nenhuma fonte, encontramos problemas na utilização que faz de documentos a que ti-

saram alguns anos mais tarde.⁶⁰

Naquele mesmo dia, a primeira providência tomada pelo FBI foi confirmar a história que os dois prisioneiros haviam contado a Xanthaky. O embaixador já havia alertado em seu telegrama que a versão de Berger isentando a Legação Soviética de envolvimento no levante não batia inteiramente com as grandes somas recebidas em mil réis da colocação de gasolina soviética no Brasil, sem nenhuma operação de câmbio.⁶¹

Em Nova York, confirmou-se que Arthur e Elise Ewert chegaram à cidade pelo *SS American Legion*, em 25 de maio de 1932, e obtiveram permissão para permanecer por seis semanas, mas até agora se achavam com ausência de registro de saída dos Estados Unidos ou de registro como requerentes de prolongamento de estada.⁶² A Missão Americana em Montevi-

---

vemos acesso no National Archives, especificamente os que dizem respeito ao embaixador Gibson. As colocações do autor parecem seguir a linha oficial de intepretação de Prestes e são bastante romantizadas. Fernando Morais, *Olga,* São Paulo, Companhia das Letras, 1994.

⁶⁰National Archives, M 1472, Departamento de Estado, de Hugh Gibson, embaixador americano no Rio de Janeiro, a Cordell Hull, secretário de Estado. Telegrama recebido às 16h25, estritamente confidencial, 15 de janeiro de 1936.

⁶¹*Idem, ibidem.*

⁶²National Archives, M 1472, Departamento de Estado, de A. R. Burr, agente especial encarregado, a R. C. Bannerman, chefe dos agentes especiais, 16 de janeiro de 1936.

déu também conseguiu confirmar as informações dos Ewerts sobre a chegada no Uruguai.[63]

Willard poderia descansar de suas tarefas de investigação nas ruas. Sob o ponto de vista da obtenção dos passaportes, o caso fora esclarecido. Era realmente uma fraude operada por pessoas ligadas ao Partido. E, pelas descobertas, Machla Lenczycki, Max Nathan, Harry Goodman e Louis Schwartz estavam em apuros. Para se descobrir a trama, desta vez não houvera a necessidade de "usar as práticas normalmente empregadas no Departamento para forçar confissões de comunistas fanáticos", como Burr chegara a sugerir a Bannerman que se fizesse.[64]

Agora a operação giraria em outras esferas.

---

[63] National Archives, M 1472, Departamento de Estado, de Hugh Gibson, embaixador americano no Rio de Janeiro, ao secretário de Estado, 17 de fevereiro de 1936.

[64] National Archives, M 1472, Departamento de Estado, de A. R. Burr, agente especial encarregado, a R C. Bannerman, chefe dos agentes especiais, 14 de janeiro de 1936.

Capítulo três

As descobertas

O FBI interessava-se muito por toda a movimentação comunista, dentro e fora dos Estados Unidos. O próprio Willard fora protagonista, em 1920, de uma história que envolvia atividades do Partido e infiltração nos órgãos de segurança. O incidente ficara conhecido como Caso Fraina.

Louis Fraina era secretário Internacional do Partido e deveria representá-lo em várias conferências no exterior. Uma era em Amsterdã. O Comitê de Nova York encontrou alguém para ajudar Fraina: Jacob Novositsky, que conseguiria o bilhete de passagem de Fraina e a autorização para receber material impresso do exterior, mandado para o Partido, o que garantiria a realização dos arranjos técnicos finais para a travessia do Atlântico.

Além do FBI, a travessia foi arranjada com a ajuda da Scotland Yard. Um documento falso de uma faculdade de medicina de Detroit fez de Fraina Ralph Snyper um médico assistente de cirurgia na Mauritânia, e de Jacob Novositsky, doutor James Anderson.

Novositsky, um russo que perdera a família em 1917, era na realidade o agente IV-100 que, auxiliado pelo agente FF-22, plantado por Willard, começou a fabricar evidências de lealdade que garantiriam seu lugar junto ao Partido. Ambos os agentes forjaram documentos de Estado e os entregaram a Fraina, que os repassou a Petersen, outro membro do PC. Petersen acabou preso por posse de papéis federais, e sua prisão levantou suspeitas sobre Fraina, como agente provocador.

Willard fora perfeito. Fraina, antes de partir, enfrentou o tribunal do PC em Nova York e Novositsky seguia tranqüilamente com Fraina para Amsterdã: ele o havia desmascarado como um agente.[1]

Aquele ir e vir de agentes e de militantes fazia parte da vida, da construção e do combate ao comunismo, mesmo depois do reatamento das relações entre Estados Unidos e União Soviética, em 1933. No caso aberto naquele inverno, sobre os passaportes fraudulentos de dois agentes comunistas, era muito importante que houvesse colaboração entre as autoridades americanas. Detalhes importantes poderiam ser esclarecidos.

Na terça-feira, dia 21 de janeiro, o embaixador americano e depois Xanthaky conseguiram entrevistas reservadas com os dois presos. Gibson, segundo as ordens, deveria enviar aos Estados Unidos a confirmação pessoal de Arthur e de Elise das atividades que eles vinham tendo nos Estados Unidos. Afinal de contas, era isso que interessava.

Quanto mais cedo se obtivessem as informações, melhor. A imprensa americana começara a noticiar o caso e certos detalhes não poderiam mais ser omitidos, até porque não se sabia o que a polícia brasileira poderia dizer a seus jornais. O caso Berger/Lenczycki

---

[1] Theodore Draper, *The roots of American communism,* Nova York, The Viking Press, 1957.

aparecera no *The New York Times* um dia depois de divulgada a história no Brasil. Na quarta-feira, 8 de janeiro, os leitores norte-americanos ficaram sabendo do provável envolvimento de dois americanos na tentativa de golpe comunista. Na edição de domingo, dia 19 de janeiro, quatro dias depois de Xanthaky ter tido sua primeira conversa com os presos, os jornais brasileiros, informados pela Agência Havas, ainda repetiam o noticiário do dia 8, dizendo que o Departamento de Estado não havia confirmado se os envolvidos eram realmente cidadãos dos Estados Unidos. Além de omitirem o fato de que Berger apresentara um certificado de nascimento, diziam que a confirmação não era possível porque não haviam conseguido, até o momento, localizar o paradeiro das testemunhas que assinaram os atos de naturalização.[2]

Tratava-se de retardar ao máximo os avanços das investigações para poder investir nas descobertas. E neste espectro é que trabalhava o embaixador. Na segunda feira, dia 20, a Embaixada recebera diretamente do secretário de Estado em Washington, Cordell Hull, instruções no sentido de confirmar, e obter detalhes, de algumas evidências em poder do Departamento de Estado. Sabia-se em Washington que Ewert participara da Convenção do Partido, em setembro de 1927, como representante da Internacional Comunista e que tratou de acomodar divergências internas; que presumivelmente fora enviado à China, em 1932, para resta-

---

[2] *O Estado de S. Paulo,* ano LXII, nº 20318, 8 de janeiro de 1936 e ano LXII, nº 20327, de 19 de janeiro de 1936.

belecer o grupo comunista extinto em 1931, e que havia americanos em conexão com este grupo; que, entre 1923 e 1928, Ewert fora um dos mais importantes membros do Partido Comunista Alemão, mas que sua lealdade fora questionada devido à sua relação com pessoas expulsas do Partido; tivera de fazer uma apologia escrita ao PC Alemão, em 1930, e declarar obediência a ele e à Internacional; e que fora escolhido para realizar tarefas fora da Alemanha.[3]

Hull pedia à Embaixada, especificamente, que obtivesse informações a respeito da visita aos Estados Unidos, incluindo detalhes sobre data e método utilizado para entrar no país, especificando as conexões americanas, a ampliação de sua história relativa às conexões chinesas e ao método de operação da conexão. Quanto a Elise, as instruções eram de que se investigasse a suspeita de ela ser Ethel Chilles, ou Kate Gussfeld, que estivera nos Estados Unidos em 1925 e 1926, suspeita de implicações com atividades de espionagem. Queria-se saber sobre suas atividades durante a estada americana.[4]

Pela entrevista que tivera com os dois presos em separado, Gibson confirmara que Ewert havia viajado de Moscou a Chicago para a Convenção do Partido Comunista Americano, em 1927. Embora se negasse a confessar à polícia brasileira e ao embaixador suas atividades mais específicas e o nome que usara na

---

[3] National Archives, M 1472, Departamento de Estado, do secretário de Estado, Cordell Hull, à Embaixada Americana no Rio de Janeiro, 20 de janeiro de 1936.

[4] *Idem, ibidem.*

Convenção Americana,⁵ Ewert fora de fato escolhido em Moscou para, sob o pseudônimo de Braun, e por indicação de Bukharin, ser o representante do Comintern junto aos Estados Unidos.⁶ Isso iria garantir-lhe muito poder sobre o PC Americano. Já os problemas que precisaria solucionar eram vários, mas fundamentalmente envolviam diferenças entre as facções7 lideradas por William Z. Forster e Charles E. Ruthenberg.⁸

Arthur Ewert não admitira, mas fora o transmissor da decisão tomada pelo Comintern de que o Partido deveria realizar aquela Convenção em agosto de 1927.⁹ A notícia foi dada por ele aos delegados norte-americanos dos dois grupos rivais que estiveram pre-

---

⁵ National Archives, M 1472, Departamento de Estado, do embaixador americano no Rio de Janeiro, Hugh Gibson, ao secretário de Estado, telegrama estritamente confidencial, de 21 de janeiro de 1936.

⁶ Gitton Benjamin, *I Confess: The truth about American communism*, Westport/Connecticut, Hyperion Press Inc., 1975. Gitton foi candidato a vice-presidente dos Estados Unidos pelo Partido em 1924 e 1928, membro do Comitê Político e presidente da Internacional Comunista do PCA.

⁷ Cf. Gitton Benjamin, *op. cit.*, pp. 423-452 e as declarações dadas por Elise Ewert, segundo Hugh Gibson. Em: National Archives, M 1472, Departamento de Estado, de Gibson ao secretário de Estado, 21 de janeiro de 1936.

⁸ Ruthenberg foi fundador e o primeiro secretário do Partido. Morreu em 1927.

⁹ Berger informa a polícia que teria chegado em setembro para a Convenção. Cf. National Archives, M 1472, Departamento de Estado, de Gibson ao secretário de Estado, 21 de janeiro de 1936.

sentes na capital soviética, em maio daquele ano, para o Décimo Plenário do Comitê Executivo da Internacional Comunista.

Na condição de representante com muitos poderes é que Ewert chegou aos Estados Unidos, com passaporte em nome de Braun, e que transmitiu as decisões de Moscou. Já fora dito na capital soviética que o jornal *Daily Worker* deveria ser transferido de Chicago para Nova York; sugeria-se que a Convenção decidisse sobre a transferência da sede do Partido também de Chicago para Nova York. Sob o ponto de vista mais geral, o Comintern resolvera apoiar o grupo de Ruthenberg e trazer a facção de Forster cada vez mais próxima a ele. Em relação à linha sindicalista, Ruthenberg deveria fazer uma revisão e aproximar-se da corrente de Forster.[10]

A tarefa de Ewert não fora tão fácil, apesar do acordo selado pelas partes em Moscou. Além de seu gosto exagerado pela bebida, segundo os delegados americanos,[11] ele precisou pressionar duramente Forster para poder ter êxito em sua tarefa de unificar o PC nos Estados Unidos e até vir a eleger seu amigo, Earl

---

[10] Por intermédio de Ewert e de representantes das duas facções, havia sido acertado naquele ano em Moscou que deveria ser eleito o Comitê Central da Executiva, que teria trinta membros, 13 dos quais da oposição. Cf. Gitton Benjamin, *op. cit.*, p. 447.

[11] Gitton Benjamin, *op. cit.*, p. 448: "Em uma das festas, ele ficou tão bêbado que começou a vomitar, e um dos camaradas gritou: 'Opa, aqui vai a decisão da Internacional Comunista sobre a questão americana!'"

Browder, secretário-geral. Uma eleição que evidenciava seu sucesso, como dissera a falsa Machla Lenczycki ao embaixador Hugh Gibson, naquele dia, em sua cela de prisão no Rio de Janeiro.

Por essa época, o ano de 1927, e isso as investigações já apontavam, Arthur Ewert ainda não havia caído em desgraça perante os olhos de Stalin, que estava prestes a alcançar o poder absoluto na União Soviética. O declínio da liderança de Ewert aconteceria em outubro de 1928 e tinha dois motivos principais: era amigo de Nicholas Bukharin e havia denunciado Thälmann, líder do Partido Comunista Alemão e protegido de Stalin, no escândalo Wittdorf.[12] A relação de Berger com Bukharin, além da fome desesperada de poder de Joseph Stalin, dizia respeito também à questão da social-democracia na Alemanha. Ewert insistia na tese de que eram os nazistas os verdadeiros inimigos do povo e não os social-democratas.[13]

---

[12] Gitton Benjamin, *op. cit.*, p. 533. Segundo William Waack, o rompimento entre Ewert e Thälmann teria ocorrido em agosto de 1928 no Pleno do Comitê Central do Partido Comunista Alemão, e refere-se ao desvio de verbas do KDP efetuado pelo cunhado de Thälmann e noticiado pela imprensa "burguesa". Cf. William Waack, *Camaradas: nos arquivos de Moscou: a história secreta da revolução brasileira de 1935*, São Paulo, Companhia das Letras, 1993, p. 85.

[13] Entre 1927 e 1929 houve grande evolução na Internacional, saindo vitoriosa a ala esquerda, apoiada por Stalin. Venceram as teses: sobre o "social-fascismo; a definição da esquerda da social-democracia como mais perigosa que a direita; a concepção da frente única limitada à colabora-

As investigações do Departamento de Estado confirmaram: as conseqüências foram desastrosas. Juntamente com sua autocrítica exposta publicamente, Arthur Ewert foi afastado do PC Alemão e colocado à disposição "para trabalhos especiais no exterior". Tornou-se uma figura trágica em Moscou. No prédio do Comintern, nem mesmo os atendentes se dirigiam a ele, caso não fosse extremamente necessário. Sentava-se sozinho no restaurante. No Hotel Lux, onde se hospedava, era evitado por todos. Chegara sua época de ostracismo. Cabia-lhe a única saída: manter a disciplina partidária. Aceitar suas próximas missões era, dizia Ewert:

> nunca se sentir culpado de quebrar a disciplina. Um comunista, acima de qualquer outra consideração, é um soldado da disciplina. Qualquer decisão que venha a ser tomada em meu caso, eu a cumprirei. Vejam, camaradas, eu sou um comunista.[14]

Com essa disposição Ewert faria seu trabalho na China, no Brasil e ficaria dois anos na região do Prata, onde foi um dos dirigentes do Bureau Sul-Americano do Comintern. Sua missão na China, e fora isso que acabara confessando no Rio de Janeiro para o embai-

---

ção com os operários socialistas e, somente em raros casos, a admissão de acordo com suas organizações na base". Em: Paulo Sérgio Pinheiro, *Estratégias da ilusão: a revolução mundial e o Brasil (1922-1935)*, São Paulo, Companhia das Letras, 1993, p. 198 e segs.

[14] Gitton Benjamin, *op. cit.*, p. 535.

xador americano,[15] era a de fazer propaganda jornalística e de servir como conselheiro sobre organização política ao PC chinês. Aliás, atividades comprovadas pelo volumoso relatório preparado por Ewert sobre seu trabalho na China e que acabou sendo apreendido pela polícia brasileira.[16] Além da sua ida aos Estados Unidos em 1927, Harry Berger informou que, desde sua partida do Canadá, em 1919, só pisara em solo americano em 1932, quando pegou o passaporte que lhe daria nova identidade.[17]

Elise Ewert não confirmou a Gibson que tivesse viajado aos Estados Unidos em 1925 e 1926, muito menos que houvesse desenvolvido atividade de espionagem sob o nome de Ethel Chilles ou Kate Gussfeld. Disse apenas que havia partido de Hamburgo, em julho de 1927, com um passaporte alemão em nome de Lili Paul, uma amiga, e dirigira-se a Nova York. O propósito da visita seria ver sua amiga Grace Burnham, que havia conhecido no ano anterior em Moscou, e que morava na Bank Street, no Greenwich Village, o bairro de Manhattan preferido dos artistas e da intelectualidade de esquerda. Grace, dizia Elise, também era conhecida como "mãe dos gêmeos". Durante seu período de estada na cidade, que em parte coincidiu com o de Arthur, a amiga ajudou-a a obter um prolongamento

---

[15] National Archives, M 1472, Departamento de Estado, de Hugh Gibson, embaixador americano no Rio de Janeiro, ao secretário de Estado, estritamente confidencial, 21 de janeiro de 1936, telegrama recebido às 22h38.
[16] *Idem, ibidem.*
[17] *Idem, ibidem.*

de seu visto de visitante. Elise garantiu ao embaixador que, durante essa visita, não participou de assuntos políticos. Apenas traduzira para o alemão o livro de Eugene Janitor, *Sacco e Vanzetti*.[18]

Xanthaky pormenorizou mais as informações fornecidas pelo casal. Ficou sabendo por eles que as quatro irmãs de Luís Carlos Prestes, o líder brasileiro da revolta comunista, estavam morando em Moscou e que eram membros do Partido Comunista. Estariam sendo treinadas para futuro trabalho no Brasil.

Sobre Paul Eugene Walsh, que esteve com os Ewerts na China, Elise informou que ele era um lenhador em Washington e que organizou a greve da Imperial Valley há alguns anos. Elise disse que contribuíra com artigos para a revista *New Masses*, e citou dois amigos em Nova York: Joseph Freeman, um escritor de esquerda, e Bessie Weisman. Mas negou que Weisman tivesse alguma coisa a ver com a aquisição dos passaportes fraudulentos. Insinuou a Xanthaky que as pessoas que serviram de testemunha para sua requisição seriam membros do Partido, assim como os verdadeiros Berger e Lenczycki, cujos nomes o casal havia adotado.[19]

---

[18] O caso Sacco e Vanzetti foi mundialmente conhecido como politicamente persecutório e aconteceu logo após a Primeira Guerra Mundial.

[19] National Archives, M 1472, Departamento de Estado, de Hugh Gibson, embaixador americano no Rio de Janeiro, ao secretário de Estado, 21 de janeiro de 1936. Telegrama recebido às 22h18.

Pelas informações coletadas no Rio de Janeiro e pelas investigações feitas em Nova York, o caso brasileiro punha em evidência a precariedade de controle das autoridades americanas sobre a utilização de passaportes americanos. Se as investigações do FBI provaram ser lentas, a Divisão de Passaportes ficara exposta, porque a rede formada pelo Partido em Nova York facilmente descobrira a precariedade da fiscalização do sistema de requisição de passaporte. Qualquer um poderia ser testemunha. Era apenas necessário que se tivesse documentos originais de identidade tanto para o requerente quanto para as testemunhas.

Naturalmente, havia há muito tempo um controle das autoridades americanas sobre o comércio ilegal e fraudulento de passaportes. Os locais mais importantes de falsificação estavam em Paris, em Varsóvia e na Itália,[20] além de uma seção da OMS (Serviço de Ligações Internacionais do Comintern) responsável por falsificações.[21] Em 1933, sairia até um artigo no *The New York Times* dizendo que a polícia alemã havia descoberto, em Berlim, um Bureau secreto comunista de confecção de passaportes estrangeiros, muito bem equipado e com imitações quase perfeitas das estampas oficiais americanas e venezuelanas.[22] O governo cos-

---

[20] National Archives, Departamento de Estado, 811.0013/1133, da Embaixada Americana em Londres, 5 de julho de 1930.

[21] National Archives, Departamento de Estado, RG 59, Box 656, doc. 138.81/Varsóvia/166.

[22] National Archives, Departamento de Estado, RG 59, Box 649, doc. 138.81/Berlim/4. A Embaixada Americana re-

tumava acompanhar essas informações e realizar investigações.

Sabia-se também que as autoridades soviéticas alteravam passaportes, a fim de mandar propagandistas aos Estados Unidos;[23] que era comum a utilização de passaportes americanos por agentes da Internacional Comunista como garantia de acesso a todos os países sem levantar suspeitas; e que a URSS concedia documentos identificando propagandistas como representantes de negócios.[24] Mas usar passaportes americanos falsos era um tipo de procedimento que não envolvia exclusivamente o governo soviético. As autoridades britânicas, por exemplo, confirmavam aos americanos que Arne Swabeck, cujas atividades estavam relacionadas a Jean Frankell, secretário de Leon Trotsky, possuía um passaporte falso.[25]

A questão de passaportes falsos não tinha apenas aspectos políticos, embora fosse enquadrada na Section 4,

---

cebeu em Berlim a planta do Bureau Berlim-Wilmeredorf, preparada para fraudar vários tipos de documentação de viagem.

[23] National Archives, Departamento de Estado, RG 59, Box 645. De Berlim, em 5 de dezembro de 1932, identificando uso de passaportes fraudulentos de Mrs. Talmi, originária da Rússia no *Leviathan*, em 7 de novembro de 1931, e Mr. Herman, que partiu de Nova York provavelmente em setembro de 1931.

[24] *Idem, ibidem* e National Archives, Departamento de Estado, RG 59, Box 645, do chefe dos agentes especiais, Bannerman, em 2 de novembro de 1934.

[25] National Archives, Departamento de Estado, RG 59, Box 645, do governo britânico, 28 de março de 1933.

Title IX, do *Espionage Act*, de 15 de junho de 1917.[26] Era também um negócio: um passaporte fraudulento poderia ser comprado por até 3.000 dólares em Nova York, e um visa de imigrante, por até 1.000 dólares.[27]

Em 1933, sob a supervisão da sra. Shipley, a Divisão de Passaportes tratou de montar um documento para que se prestasse atenção na violação das leis de passaporte que era cometida para poder entrar nos Estados Unidos. O ponto indicado pela Divisão era o de passaportes alterados.[28]

Um passaporte alterado era um passaporte americano obtido segundo os procedimentos corretos, mas que se modificava de tal maneira que outra pessoa se tornava apta a utilizá-lo. A alteração mais normal, descobriu a Divisão, era a substituição das fotografias. Os funcionários deveriam, por isso, prestar bastante atenção nas evidências de falsificação do selo e do tipo da máquina impresso na fotografia. Outras alterações comuns eram a mudança da numeração do passaporte, da data de obtenção e do nome e descrição do portador. Num grande número de casos, as páginas originais que

---

[26] US Code, title 22, Section 222.
[27] Com a proximidade da Segunda Guerra foi que se atingiu tal preço, principalmente devido à procura de homens de negócio judeus, temerosos do nazismo. Provavelmente antes disso, o custo de um passaporte falso era menor. National Archives, Departamento de Estado, RG 59, Box 646, doc. 138.81/554. Da Antuérpia, em 19 de julho de 1938 e 10 de agosto de 1938.
[28] National Archives, Departamento de Estado, Divisão de Passaportes, RG 59, Box 645, doc. 138.81/366, de 1º de agosto de 1933.

continham a foto e a descrição da pessoa eram substituídas por outras obtidas de páginas em branco de outros passaportes. Também se removiam as páginas do visa, o número e a palavra "visa" impressa no alto e reimprimiam-se as páginas para que elas correspondessem à fotografia e à descrição.

Embora não fossem os únicos a fraudar passaportes americanos, sem dúvida os comunistas haviam inovado os métodos para sua obtenção. O tipo de alteração apontado em 1933 no documento da Divisão era recorrente, especialmente entre os imigrantes que, em desespero, tentavam suplantar o problema trazido pela constituição de quotas de entrada nos Estados Unidos. A sofisticação do Partido havia mudado a questão para a Divisão de Passaportes.

Depois do caso Lenczycki/Berger, a sra. Shipley resolveu dirigir-se diretamente aos atendentes das cortes autorizados a encaminhar requerimentos de passaportes. Agora, a Divisão sabia que muitos estrangeiros estavam obtendo passaportes como cidadãos americanos, fosse trocando o nome, fosse apresentando evidências fraudulentas de cidadania a partir de efetivos cidadãos americanos que, segundo o governo, estavam "engajados em atividades muitas vezes contrárias aos interesses dos Estados Unidos".[29] Shipley pedia uma atenção especial para o fato de que seria necessário que

---

[29] National Archives, Departamento de Estado, RG 59, Box 645, de R. B. Shipley, chefe da Divisão de Passaportes, aos atendentes das cortes que recebem requisição de passaportes. Documento carimbado como importante, de 15 de dezembro de 1937.

uma testemunha conhecesse o requerente por pelo menos dois anos.

A maior novidade introduzida entre as mudanças no controle de obtenção de passaporte, entretanto, fora a de que a testemunha deveria ser conhecida pela autoridade encarregada da requisição do passaporte ou provar sua identidade, sem deixar dúvidas, apresentando evidências documentais a serem listadas no formulário. Em todos os casos, os atendentes deveriam verificar os endereços dos requerentes e de suas testemunhas, porque, dizia a sra. Shipley, a Divisão estava encontrando muitas dificuldades em investigar passaportes obtidos por meio de informações e de documentos fraudulentos, pois tanto o requerente como as testemunhas não tinham suas identidades satisfatoriamente estabelecidas e nem davam endereços reais.[30]

Em pleno domingo, dia 19, Burr aproveitou a ocasião para enviar uma carta à sra. Shipley. Era, de certa forma, um desabafo em relação à pressão que a Divisão de Passaportes vinha fazendo sobre o FBI. O chefe da filial em Nova York dizia que, como provavelmente ela deveria saber, havia material no Bureau informando que passaportes americanos fraudulentos foram usados em diversas ocasiões por agentes comunistas e, ao que parecia, por um estudo dos casos, poderia haver uma espécie de agência central que fornecesse aos vá-

---

[30] Dizia o documento ainda que era comum que o requerente pedisse que o documento fosse entregue por intermédio de agentes das companhias de navegação ou de agências de turismo.

rios agentes comunistas as informações e os documentos necessários para a obtenção do passaporte.

Os arquivos do FBI mostravam que o amigo de Berger, Earl Browder, obteve para uso próprio passaportes fraudulentos, em nome de Nicholas Rosemberg e George Morris. Com o nome de Morris é que Browder estivera também durante algum tempo em Xangai. Burr insistia com Shipley que seria muito importante um apoio conjunto para que se fizesse um estudo detalhado dos documentos apreendidos no Rio, por meio da realização de cópias fotostáticas. O custo da operação giraria em torno de 1.000 dólares. No caso, ele se comprometia a verificar se havia relação da obtenção fraudulenta com agências do governo.[31]

O interesse pelo material, na verdade, vinha da comunicação de Gibson de que havia no Rio grande quantidade de documentos, incluindo uma coleção de correspondência e a compilação de documentos de trabalhadores comunistas. O embaixador também esclarecia que não havia má vontade da polícia brasileira em repassar o material aos Estados Unidos e que a demora no acerto dessa questão se devia ao fato de as autoridades brasileiras possuírem apenas as mais primitivas e antigas facilidades para fazer cópias fotostáticas. O governo não tinha aparato fotostático e não queria que os documentos fossem retirados para uma firma americana. Todos os problemas, entretanto, po-

---

[31] National Archives, M 1478, Departamento de Estado, de A. R. Burr, agente encarregado em Nova York, à sra. Shipley, chefe da Divisão de Passaportes, 19 de janeiro de 1936.

deriam ser resolvidos, porque a filial da Eletric Bond and Share Company oferecia por empréstimo, à Embaixada, uma instalação fostostática desmontada, e o adido naval colocava à disposição seu mecânico para a operação da máquina.[32]

Na perspectiva de obter alguma revelação importante, no dia 21 de janeiro, Cordell Hull autorizou os gastos de 1.000 dólares e a operação. Interessou-se imediatamente pela documentação sobre as atividades em geral dos comunistas e pela compilação de documentos de trabalhadores comunistas. Pedia, entretanto, atenção especial para papéis relativos a americanos, supostos americanos, atividades nos Estados Unidos e direcionamento de atividades, na América Latina, vindas de Moscou, dos Estados Unidos, ou de Moscou por intermédio dos Estados Unidos. Por isso, o Departamento de Estado também queria dar uma olhada na documentação que mostrasse inequivocamente a natureza das atividades comunistas no Brasil.[33]

Até ali, a imprensa não tinha interferido muito no andamento das investigações. Houvera, a bem da verdade, um telefonema bastante impertinente de jornalistas da Universal Service à sra. Shipley, na sexta-feira, dia 17. Eles diziam ter uma história exclusiva sobre o

---

[32] National Archives, M 1472, Departamento de Estado. Telegrama do embaixador no Rio de Janeiro, Hugh Gibson, ao secretário de Estado, 17 de janeiro de 1936.
[33] National Archives, M 1472, Departamento de Estado. Telegrama enviado por Cordell Hull, secretário de Estado, à Embaixada Americana no Rio de Janeiro, confidencial, 21 de janeiro de 1936.

fato de os Bergers serem alemães que obtiveram passaportes fraudulentos. Queriam de Shipley mais informações. A chefe da Divisão disse que o governo estava investigando o assunto e que, por enquanto, apenas sabia que o casal havia obtido os passaportes por meio da utilização de documentos de outras pessoas. A identidade dos Bergers ainda estava sob investigação e nem mesmo sabiam seu primeiro nome.

O jornalista Fizmaurice perguntou se o Departamento de Estado havia informado ao governo brasileiro que os passaportes eram falsos, e a sra. Shipley disse que não poderia responder a essa questão, mas garantiu que, sob um ponto de vista mais geral, passaportes fraudulentos não eram considerados ofensa própria para extradição.

Apesar da pressão dos jornalistas e da insistência em saber se seriam tomadas salvaguardas contra a obtenção de passaportes falsos por comunistas, a impressão de Shipley fora de que eles ainda não sabiam quem eram realmente Harry Berger e Machla Lenczycki.[34]

O sigilo, aos olhos do Departamento de Estado, facilitava a investigação e as descobertas. Mas na quarta-feira, dia 22 de janeiro, os jornais brasileiros noticiavam que Machla Lenczycki havia sido identificada pela polícia alemã em 1924 como agente da Tcheca, quando usava o nome Sabo. Na época, era secretária do Comitê Central do Partido Comunista Alemão, enquanto Berger teria tomado parte na reunião

---

[34] National Archives, M 1472, Departamento de Estado. Memorando para o Arquivo, da chefe da Divisão de Passaportes, sra. Shipley, 18 de janeiro de 1936.

suplementar do Comitê Executivo da III Internacional de Moscou, realizada em março de 1926, usando o nome de Braun. Em 1927, teria exercido em Jerusalém o cargo de secretário do Partido Comunista da Palestina. Depois, dizia o *Estadão*, deixara Berlim, em 1º de outubro de 1931, com destino desconhecido.[35]

Já que a polícia alemã soltava informações, não seria muito conveniente fazer crer que a investigação nos Estados Unidos ainda não havia chegado a lugar nenhum. É certo que as testemunhas de identificação de Berger e de Machla haviam sido estrategicamente deixadas de lado. Estavam implicadas em conspiração pelo Departamento de Estado, entretanto seriam ignoradas até o caso ser amplamente revelado pelas autoridades brasileiras.[36] Como houvera o vazamento sobre a real identidade dos presos no Rio de Janeiro, seria aconselhável divulgar, nos Estados Unidos, alguns detalhes sobre o caso.

As autoridades de Nova York informaram ao chefe de Polícia no Brasil, e este aos jornais, para ser publicado no dia seguinte, dia 23, que Harry Berger não chegara a naturalizar-se cidadão norte-americano, devendo seu passaporte ser falso e, uma vez que fosse

---

[35] *O Estado de S. Paulo,* ano LXII, nº 20381, domingo, 22 de março de 1936.
[36] National Archives, M 1472, Departamento de Estado, de A. R. Burr, agente especial encarregado em Nova York, a R. C. Bannerman, chefe dos agentes especiais, 16 de janeiro de 1936.

expulso, deveria ser enviado aos Estados Unidos a fim de responder pelo crime de falsificação.[37]

No dia 24 de janeiro, a Agência Havas informou que o Departamento de Estado esperava pela documentação comunista confiscada no Brasil. Dizia que o verdadeiro nome de Berger era Ewert, ex-deputado do *Reichstag*, e que teria vindo para os Estados Unidos há alguns anos, desembarcando com passaporte falso. Pouco depois teria ido para a China e, voltando para os Estados Unidos, seguira finalmente para o Brasil. O interesse pela documentação apreendida, segundo a notícia, era que ela iria derramar muita luz sobre as atividades comunistas nos Estados Unidos. As autoridades americanas achavam, ao que tudo parecia indicar, que boa parte da atividade comunista na América do Sul teve origem nos Estados Unidos, mais diretamente do que na Rússia. Aliás, seria público e notório que os agitadores europeus que se destinavam aos países da América Latina o faziam sempre por meio de viagens via Estados Unidos.[38]

Investigar as atividades comunistas nos Estados Unidos relacionadas à Intentona brasileira trazia à baila a presença acentuada de judeus implicados no caso. Deparar nas diligências com nomes como Lenczycki, Berger, Schwartz, Goodman, Siskind, Rigerman, Dubinsky, Targum, Jacobs e Sarahs só fazia crescer no Departamento de Estado como um todo, e

---

[37] *O Estado de S. Paulo,* ano LXII, nº 20330, quarta-feira, 23 de janeiro de 1936.
[38] *O Estado de S. Paulo*, ano LXII, nº 20332, sábado, 25 de janeiro de 1936.

em particular no FBI e na Divisão de Passaportes, a certeza de que pelo menos parte da comunidade de judeus simpatizantes ou membros do Partido estava envolvida na aquisição de passaportes fraudulentos. E essa questão de envolvimento judeu que revelara o caso Lenczycki/Berger era bastante complexa.

Primeiro, porque o preconceito aos judeus nos Estados Unidos e em Nova York, especificamente, não se limitava ao fato de aqueles que provinham do leste serem jocosamente tratados de *kikis*,[39] mas de que ser judeu estava associado intimamente a ser comunista. E ser comunista, nos Estados Unidos do início do século, não era propriamente um direito cercado de bons adjetivos.

Quem melhor expôs a associação do comunista ao judeu talvez tenha sido Henry Ford, o famoso industrial da Ford Motor Company. Além de suas investidas em linha de produção, desde 1920 Ford possuía seu próprio jornal, *The Dearborn Independent*, cuja especialidade passou a ser publicar os artigos em que, por meio de *ghost writers*, atacava os judeus. A coleta desses artigos e seu arranjo em livro transformou-os num grande sucesso editorial, especialmente no interior do país, chamado *The International Jew*, que em 1927 já tinha vendido duzentas mil cópias e sido editado em 16 línguas, inclusive no Brasil,[40] num total de dez milhões

---

[39] O apelido era pejorativo e anti-semita. Os primeiros a usá-lo, entretanto, foram os antigos judeus-alemães de Nova York. Cf. Edmund Robb Ellis, *op. cit.*, p. 417.

[40] Apesar do sucesso, hoje é extremamente difícil encontrar o livro de Ford. Nos Estados Unidos, são pouquíssimas as bibliotecas universitárias que o possuem. Ele sequer é

de exemplares.[41] Os títulos dos artigos de Ford eram sintomáticos: "Aspectos da influência judaica"; "Vítimas ou perseguidores"; "O programa político dos judeus"; "Como os judeus usam o poder"; "Bolchevismo e sionismo"; "Bebida, jogatina, vício e corrupção"; "A batalha pelo controle da imprensa"; e assim por diante.[42]

A banalidade dos artigos de Ford, seu racismo e preconceito, além do fato de ter publicado os "Protocolos dos Sábios do Sião"[43] no *Dear Born,* refletiam muito bem a mentalidade americana da época, calcada na conivência existencial com entidades como a Ku Klux Klan, fundada em meados do século XIX[44] e que, acima de tudo, estava interessadíssima no extermínio dos negros. Era anti-semita, anticatólica, natiimigrante e anticomunista.

---

encontrado na Biblioteca do Congresso. No Brasil, o exemplar da Biblioteca Nacional não é localizável.

[41] Albert Lee, *Henry Ford and the jews,* Nova York, Stein and Day Publishers, 1980. Sobre Ford ver ainda: E.G Pipp, *Henry Ford as I know him – and I know him,* Detroit, Michigan, Pipp's Weekly-Publishers, 1922. Jonathan N. Leonard, *The tragedy of Henry Ford,* Nova York/Londres. G. P. Putnam's Sons, 1932.

[42] Henry Ford, *The international jew: the world's foremost problem,* Los Angeles, Christian Nationalist Cruzade, s/d.

[43] Os protocolos, supostamente escritos num congresso sionista em Basel, na Suíça, fariam parte de um complô para destruir as nações arianas. Mas eram, na verdade, uma construção do agente czarista Serge Nilus para legitimar a implantação dos *progroms* na Rússia.

[44] Em 1865.

A associação dos judeus ao comunismo, e toda a áurea pejorativa que este amálgama proporcionava, provinha da própria formação da sociedade americana. De grupos de imigrantes, fundamentalmente, de jovens intelectuais e de velhos militantes é que se originariam os primeiros núcleos comunistas. Em 1920, logo depois da formação do Partido, de seus 26.680 membros, 1.900 falavam apenas inglês. O restante era constituído de alemães (850), estônios (280), húngaros (1.000), judeus (1.000), lituanos (1.200), poloneses (1.750), russos (7.000), eslavos do sul (2.200), ucranianos (4.000).[45] Ou seja, a maior parte dos filiados provinha do Leste Europeu e, embora não se declarassem mais judeus, possivelmente assim o eram. Em 1929, apenas um terço dos membros tinha como língua-mãe o inglês, e só em 1936 é que a maioria dos membros era americana.[46] É claro, levavam-se em conta nessa identificação a existência da Jewish Socialist Federation e da Jewish Section of the Russian Communist Party, por exemplo, e o fato de que o sentimento pró-bolchevique era disseminado e de que um número apreciável de judeus, incluindo os nascidos americanos, pertencia ao Partido. Muitos da liderança judaica eram comunistas: Louis Hendin, Charles S. Zimmerman, Joshua Kunitz, Charles Ruthenberg.[47] Além disso, por sua semelhança física, os russos eram confundidos com os judeus.

---

[45] Theodore Draper, *op. cit,* p. 189.
[46] Guenter Lewy, *The cause that failed. Communism in American political life*, Nova York/Oxford, Oxford University Press, 1990.
[47] Melech Epstein, *op. cit.* pp. 53, 78 e segs.

Em 1936, a história do Partido Comunista Americano ainda era recente. Ele se havia originado do Partido Socialista. Formado em 1901, em 1912 o Partido Socialista chegara a ter 150 mil membros,[48] antes do revés da Primeira Grande Guerra, quando foram bombardeados e perderam muitos adeptos porque eram pacifistas, e os Estados Unidos acabaram entrando na guerra. Em 1919, entretanto, uma grande onda de greves aumentou as expectativas revolucionárias, e os socialistas chegaram a ter 108 mil filiados.[49] Mas a Revolução Russa traria suas influências e, editado pelo jornalista John Reed, a ala esquerda do PS publicaria o *The New York Communist*.[50] No mesmo ano, em 1º de setembro, parte dos membros do Partido Socialista criaria o Partido Comunista, apenas seis meses depois da fundação do Comintern,[51] responsável pelo traçado das estratégias dos vários partidos comunistas no mundo.

---

[48] Era formado de várias facções rivais: a de direita identificada com a conservadora American Federation of Labor (AFL) e a de esquerda, uma simpatizante da Industrial Workers of the World (IWW), formada de sindicalistas radicais, e uma fração menor, marxista. Em: Guenter Lewy, *The cause that failed. Communism in American political life*, Nova York/Oxford, Oxford University Press, 1990.

[49] Eugene Lyons, *The red decade*, Nova York, Arlington House, 1970.

[50] O filme *Reds,* dirigido e protagonizado por Warren Beaty, mostra a trajetória de Reed e a criação do Partido.

[51] O Comintern foi fundado pelo Kremlin em março de 1919, com 35 delegados e 15 convidados.

Desde antes da criação do Partido Americano, foram infiltrados agentes do governo nas organizações de esquerda,[52] tática que seria usada *ad naseum* pelo FBI e que logrou, no período do *Red Scare,* em 1919 e 1920, tanto sucesso nas invasões da polícia, nas prisões, nas sentenças prolongadas e nas famosas deportações de estrangeiros, sob o comando de Alexandre Mitchel Palmer.[53] Deportações que superlotaram a Ellis Island, um grande portão de entrada que se transformara no maior portão de saída americano.

Assim como no documento da Divisão de Passaportes assinado pela sra. Shipley, desde 1919 criara-se um clima de que os estrangeiros, radicais, não eram suficientemente patriotas.[54] A americanização era a palavra de ordem que aparecia para fazer frente ao anti-radicalismo. Dizia-se que ela deveria "ser concebida como um problema de resistência, afetando toda a vida nacional e que demandar(ia) os maiores esforços para que, iluminados pela luz de São Bartholomeu

---

[52] Soza Szajkowski, *Jews, wars and communism: the impact of the 1919-20 red scare on American jewish life,* Nova York, Ktav Publishing House, Inc., 1974.

[53] Em pequeno espaço de tempo, mais de dez mil pessoas foram presas. Em 21 de dezembro de 1919, 249 russos foram deportados. Entre eles Alexander Berkman e Emma Goodman: o navio ficou conhecido como a arca soviética. Em: Melech Epstein, *The jew and communism (1919-1941): the story of early communist victories and ultimate defeats in the jewish community in United States of America,* Nova York, Trade Union Sponsoring Committee, 1959 (?).

[54] *Idem, ibidem,* p. 15.

massacrado pelos revolucionários dos fanáticos bolcheviques, possamos viver num país em que a paz e a felicidade se fundem em igualdade política e social, permanentemente tolerada".[55]

Nesse contexto, não fora por acaso que na investigação sobre Machla Lenczycki o agente Willard tenha se preocupado em descobrir a organização de classe da qual a imigrante polonesa fazia parte: a Lady Garment Workers Union, um sindicato localizado no número 232 da West 49th Street, coração de Nova York. É que comunistas e simpatizantes usualmente faziam parte de sindicatos. E pertencer a este sindicato especificamente era quase uma confissão de culpa para Machla Lenczycki. Ele fazia parte da AFL, da United Garment Workers, controlada pelo Partido,[56] e da International Ladies' Garment Workers Union (ILGWU), pioneira na luta pela instituição de códigos de trabalho, salários maiores e diminuição da jornada, e de cujos membros 64% eram judeus.[57] Também era nos sindicatos que havia o maior número de agentes do FBI infiltrados, a fim de que prisões, invasões e o uso da violência pudessem ser facilitados. Provavelmente o método a que

---

[55] Glenn Frank, "The tide of affairs", *Century Magazine*, vol. XCIX (1919-1920), pp. 636-638. Em: Soza Szajkowski, *op. cit.*, p. 108.
[56] A escritora Betty Gannet, famosa pela sua militância no PC, militou no AFL e na United Garment Workers. Cf. Kent Gulley (ed.), *The papers of Betty Gannet (1929-1970), Guide to a Microfilm Edition*, Madison, The State of Historical Society of Wisconsin, 1976.
[57] Leonard Dinnerstein e David M. Reiners, *op. cit.*, p. 51.

se referia A. R. Burr, o chefe dos agentes em Nova York, quando insinuara a Washington que "se usassem as práticas normalmente empregadas".

A ação contra os comunistas fora grandemente legitimada quando o Congresso começou a investigar a atividade de comunistas e outros radicais, em 1920. Não haveria, por isso, grandes dificuldades em vigiar a correspondência de qualquer cidadão, como o agente Willard sugerira que se fizesse em relação aos Michels. E a estratégia era relativamente fácil porque, à parte as cartas e o material selado propriamente dito, tornara-se tradição entre o Partido Comunista a proliferação de jornais, de revistas e de material escrito de propaganda.

Na década de 1930, também conhecida como a Década Vermelha, de sete mil membros o Partido Comunista Americano passou a ter noventa mil, sem contar os membros de organizações e seus simpatizantes, que chegavam a um milhão de pessoas.[58] Era moda intelectual ser comunista, tanto na Broadway como em Hollywood. Havia editores, jornalistas, livreiros, técnicos, médicos, dentistas, professores, estudantes e pacifistas que engrossavam as fileiras do Partido.[59] O número de publicações abundava. Em 1933, por um levantamento feito pela Federação de Trabalho Americana, a American Federation of Labor, para o Departamento de Estado, havia 12 jornais diários. Trinta publicações mensais ou semanais usufruíam de isen-

---

[58] Guenter Lewy, *op. cit.*, p. VIII.
[59] Joseph R. Starolin, *The American Communist Party*. Em: Arthur M. Sclesinger Jr., *History of US Political Parties*, Nova York, Chelsea House Publisher, 1973, v. IV.

ções postais, sendo nove delas impressas em inglês e 21 em línguas estrangeiras. Juntamente com os jornais, tinham uma circulação de 250 mil cópias. Outras 15 publicações, incluindo três de Moscou, eram regularmente distribuídas por outros canais que não os correios, sendo que oito delas eram publicadas em inglês.[60]

A principal publicação era, sem dúvida, o *Daily Worker*, onde os ex-moradores da East New York Avenue, 1200, do Brooklyn, Albert Goldstein e Sadie Michel, também esposa de Isaak Ryok, preso na China em 1934, trabalhavam como editor e balconista, respectivamente. Jornal diário, o *Daily Worker* tinha uma tiragem de 17 mil exemplares, sendo cinco mil assinaturas; três mil cópias para Nova York; seis mil cópias para o restante do país; e três mil cópias para sucursais do PC em Nova York.[61]

O governo dizia-se alarmado com os comunistas. Apontava uma lista enorme de agentes de Moscou nos

---

[60] US Government. *Reports on communist propaganda in America: as submitted to the State Department, United States Government, by William Green, president of American Federation of Labor, 1937* (A report submitted to the President of the United States, Honorable Fraklin D. Roosevelt, through the Department of State prior recognition of the Russian soviet regime, November 10, 1933. The exhibits refered to in the text should be consulted at a public library. It is manifestly impossible to reproduce them here, since they are in pamphlet and booklet form.)

[61] Melech Epstein, *op. cit.*, p. 250.

Estados Unidos: 16 entidades de cunho nacional.[62] Haveria ainda 31 outras organizações, comunistas ou "cor-de-rosa", que estariam a serviço de Moscou[63] e

---

[62] Communist Party of the USA; Workers International Relief; Amkino; Friend of the Societ Union; Trade Union Unity League (21 dos principais sindicatos revolucionários); Anti-Imperialist League; Young Pionneers of America; Young Communist League of America; United Farmers League; Educational Workers League; Labor Sports Union (centenas de clubes atléticos de trabalhadores); International Labor Defence (dez ou mais sessões; duzentas ou mais sucursais); Intourist (turismo mundial); American Society for Cultural Relations with Russia; Workers Cultural Federation (mil ou mais clubes e organizações culturais); John Reed Clubs. Em: US Government, *Reports on communist propaganda in America, op. cit.,* p. 5.

[63] Worker International Relief; National Council for the Protection of Foreing Born Workers; American Negro Labor Congress, or the League of Struggle for Negro Rights; Labor Sports Union; Johns Reeds Clubs; United Council of Working Class Housewives; United Council of Working Class Women; Workers Library Publishers; International Publishers; Young Communist League of America; Young Pionners of America; Russian Cooperative Association; National Committee for the Defence of Political prisioners; Unemployment Councils; Workers Ex-Servicemen's Legue; International Workers Order; Friends of the Chinese People and Friends of The Soviet Union; United Workers Cooperative Association wich Conducts Camps; Russian Mutual Aid Society; Hungarian Sick and Death Benefit Society; International Workers Orders; Proletarian Dramatic As-

que alimentariam uma outra infinidade de organizações para o que era chamado de "o longo braço de Moscou" (*The long arm of Moscow*).

A quantidade de informações do governo americano era constantemente renovada. Dizia-se que eram braços da Terceira Internacional de Moscou 15 organizações de cunho mundial: a Internacional Comunista, a Workers International Relive, a Sovkino; a Friends of the Soviet Union, a Red International of Labor Unions (Profintern), a League Against Imperialism, a Red Pioneers, a Young Communist International, a Peasants' International, a Educational Workers League, a Labor Sports International, a International Red Aid, a Intourist, a Society for Cultural Relations Between Russia and Foreingn Countries e a International Union of Revolutionary Writers.[64] No Relatório de 1933 sobre as atividades comunistas, mais de quarenta filmes constavam como obra de propaganda comunista, entre eles

---

sociation of America; Soviet Union Information Bureau; Amkino, US Branch of Sovkino promoter of soviet motion pictures; Workers Scholls; International Labor Defence, section of the International Red Aid; Sacco and Vanzetti Branch, Olgin Branch, Mooney-Billings Branch, John Porter Branch (colored), Lenin Branch, Olgin Branch, Freiheit and other similar named branches; Emergency Committee fou Southern Political prisioners; Independent Workers Order, a ala esquerda do Workmen's Circle. Em: US Government, *Reports on communist propaganda in America*, p.11. A esse respeito também consultar Eugene Lyons, *op. cit.*, pp. 138-144.

[64] Não há menção à Pan-Pacific Union Trade.

clássicos do cinema, como *The Cruiser Potemkin* e *Ten Days that Shock the World*,[65] baseado no livro de John Reed.

Era comum também que o Partido tratasse de realizar congressos, não apenas os relativos ao Partido e ao movimento sindical, mas na área de artes, como o Congresso de Escritores Revolucionários, da International Union of Revolutionary Writers, que aconteceu em Nova York na New School of Social Research, e que acabava atraindo muita atenção sobre si porque reunia autores importantes, como Grandville Hicks, Waldo Frank, Friedrich Wolf, Malcolm Cowley, Jose-

---

[65] Five year Plan; Hell Bound; Cain and Artem; Cities and Years, A Sahngai Document; The End od St. Petersburg; China Express; Fragments of the Empire; Squaring the circle; Miracle at Verdum; The Silent Witness, The W Plan; The Trial of Industrial Party in Moscow, Ressurrection; Al-Yemen, Storm Over Asia, Village Sin, The Living Corpse, The Treason Trial of Moscow; Igdenbu; The Law of the Taiga; The Break Up; Razlom; Jim Cooperkop, Jesuit Virtue; Arsenal; The Road; Three Comrades and One Invention; Transport of Fire; Czar Ivan The Terrible; The Village Sun; Diamonds; In the Whril of The Machine; The Belt; Singing Jailbirds; The Yellow Ticket, The Cruiser Potemkin; Breaking the Chains; Visit to Soviet Russia; Scond Strong Man; A Day in new York; Ten Days that Shook The World, Strike; Building of Socialism in USSR.; Proletarian Show Boat, The Break Up; The Old and The New; Naw Babylo; The Black Sea Mutiny. US Government, *Reports on communist propaganda in America*, p. 41.

phine Herbst, Moshie Nadin, Michael Gold.⁶⁶ Nesse espectro, o da intelectualidade, a revista *New Masses*, financiada pelo PC, e de quem Elise Ewert se dissera colaboradora fazia tanto sucesso que em 1935 deixou de ser mensal para sair semanalmente.⁶⁷

Entre as outras atividades mais importantes desenvolvidas por militantes e simpatizantes comunistas estavam os congressos, as manifestações públicas e as greves. O Partido tratava de incutir na militância que, como eram tropas de choque de um exército que precisava estar em estado de prontidão, grande parte do seu tempo deveria ser gasta em ações de massa, como demonstrações e comemorações do 1º de maio.⁶⁸ De 1930 a 1934, o PC organizou a Campanha entre os Desempregados, a formação das Revolutionary Unions, a Concentração dos Negros, a Campanha das Eleições de 1932, The Stifling Inner-Party Life, The Thigtened Cultural Front, as Marchas Contra a Fome de dezembro de 1931 e 1932 e a greve de quatro mil trabalhadores judeus no verão de 1931 em Nova York.⁶⁹

A greve dos trabalhadores judeus de Nova York fazia bem a conexão anti-semita e anticomunista. Julgamentos como o de Charles Ruthenberg, em 1929, condenado de cinco a dez anos como comunista sob a

---

⁶⁶ Jose Mancisidor, *Nueva York Revolucionario*, Xalapa/México, Editorial Integrales, 1937. Mancisidor foi o delegado mexicano no Congresso.
⁶⁷ Jose Mancisidor, *op. cit.*, p. 44.
⁶⁸ Melech Epstein, *op. cit.*, p. 249.
⁶⁹ Melech Epstein, *op. cit.*, pp. 235-236 e 241.

Criminal Anarchy Law do estado de Nova York e de cinco a dez anos em Michigan, por participar da Convenção de Bridgeman, também ajudavam,[70] uma vez que a opinião pública estava alarmada com os acontecimentos na Rússia, na Hungria e na Baváriana, e revoltava-se contra as ideologias de esquerda.[71]

Mas essa associação não seria um privilégio americano. Os alemães investiriam pesado na associação pejorativa judeu–comunista. E no caso Berger/Lenczycki as conseqüências, como se provaria mais tarde, seriam desastrosas sob o ponto de vista dessa questão. Já na informação que os jornais brasileiros publicaram no dia 7 de janeiro, e que havia sido passada pelo governo alemão, Berger fora mencionado como de "origem judaica", embora não o fosse.

---

[70] Elizabeth Gurley Flynn, *Ruthenberg by by New York*, Worker Library Publishers, 1939.
[71] Melech Epstein, *op. cit.*, p. 43.

Figura 5: Prédio onde Machla e seus irmãos moraram, logo ao chegarem a Nova York, a 14 de outubro de 1922, na 116th Street, no Harlem

Figura 6: 19th Street, nº 320. Residência de Machla a partir de janeiro de 1933

Figura 7: Union Square, nº 1. Local onde o dr. Louis Schwartz possuía consultório (o antigo prédio foi demolido)

Figura 8: A 13th West Street atualmente. Aqui ficava a antiga sede do Partido

Capítulo quatro

A chance

A entrevista que Theodore Xanthaky teve com os prisioneiros fora na terça-feira, dia 21. Ewert não falara muito, e ainda não se sabia ao certo onde havia estado durante sua permanência em Nova York, no ano de 1932. Na quarta-feira, entretanto, o agente L. C. Tubbs conseguiria desvendar o mistério.

As pistas da investigação haviam levado a um prédio na East 181 Street, no Bronx. Na segunda-feira, dia 20, Tubbs tratou de sair de Manhattan, atravessar a ponte de ligação com o Bronx e falar com o zelador, um tal sr. Kaufman. A princípio, Tubbs não foi nada feliz. Kaufman estava no emprego há apenas três meses e, por isso, não vira e nem ouvira falar de nenhum Harry Berger ou Machla Lenczycki. O zelador, entretanto, disse a Tubbs que havia um homem negro, de nome Preston Reese, que prestava alguns serviços no prédio há uns cinco ou seis anos e que, casualmente, estava no edifício ao lado.[1]

O zelador do prédio vizinho atendeu Tubbs, mas disse que Reese havia saído e só estaria de volta depois das duas horas da tarde. Como de costume, e mesmo porque o caso já estava praticamente esclarecido,

---

[1] National Archives, M 1472, Departamento de Estado, *Memorandum* de L. C. Tubbs a Burr, 22 de janeiro de 1936.

Tubbs telefonou para Caledonia 5-8, o número do FBI em Nova York, e perguntou a Burr qual deveria ser o procedimento. Seu chefe sugeriu que deixasse as fotos de Berger e Machla com o zelador e um envelope selado para a Agência, a fim de que o homem os identificasse e mandasse uma nota por escrito ao FBI.

A resposta chegaria na quarta-feira pela manhã, dia 22. Preston Reese estava certo de que Harry Berger vivera no número 814 da East 181 Street do Bronx no ano de 1931 ou 1932. Quanto à mulher, não tinha certeza.[2]

Com a descoberta de Tubbs, o FBI havia reconstituído o itinerário dos dois presos no Rio de Janeiro. Mas ainda na sexta-feira daquela semana, a polícia brasileira passaria informações fundamentais para o Departamento de Estado fazer uma avaliação das dimensões do movimento comunista no Brasil.

Sem ter relação com o material apreendido durante a prisão de Berger, que ele aparentemente contrariando ordens de Moscou e ignorando diretrizes de segurança deixou de destruir, a polícia brasileira conseguira interceptar, nos últimos dias, várias mensagens codificadas que mostravam a existência de um grande complô de caráter revolucionário no interior do Exército, em conexão com o líder brasileiro da revolta, Luís Carlos Prestes, e envolvendo muitos oficiais de alta patente.[3]

---

[2] *Idem, ibidem.*
[3] National Archives, M 1472, Departamento de Estado, do embaixador no Rio de Janeiro, Hugh Gibson, ao secretário de Estado. Telegrama estritamente confidencial, 24 de janeiro de 1936.

A informação poderia evidenciar que a movimentação comunista no Brasil não havia cessado. O embaixador americano sugeria até que o Departamento de Justiça ou a Inteligência da Marinha ajudassem a decodificar uma das mensagens, provavelmente uma lista contendo seis nomes e endereços no Rio de Janeiro, que os brasileiros ainda não haviam conseguido decodificar.[4]

O texto era o seguinte:

69 or ciz 84 76 52 mk ca 27 44 6 sc 56 g 52 gz 41 82 7 end of line mao cl ram ka 17 12 91 46 8 rw 4 end of line L 81 6 m t 58 4 j 68 64 cg mo 19 kr 85 64 16 54 mj tr g 4 end of line 86 15 97 a 4 c 82 k 5 m 7 q r 8 r 64 tq m 85 p 52 78 1 end of line lq 16 84 riz 84 ai 65 59 24 68 kp zm k 27 78 28 61 *the* 8 end of line 13 59 76 18 42 8 iq pat za o wo 8 g end of line 16 48 92 85 18 78 18 86 40 mc gz km ao cm kz 59 68 18 4 end of line 64 64 13 61 85 69 16 5 aw kz 41 85 75 86 ga end of line 7 z 86 mm tc 3m 6 k l z 8 mz 5 t l g 5 m 7 *the* 8 m 62 68 85 81 end of line q r 86 14 86 4 ez m mq ga 84 86 29 nai oc *raced* 11 L end of line lz 88 9 j 6 rg *the* 72 ml z 84 68 78 9 g 6 mk r 84 1 b 69 og 68 end of line zl 18 74 5 L 68 18 84 97 4 k 9 c 8 rh 6 t 6 g 6 the 4 r 8 p 85 *the* 4 end of line 8.

Gibson aguardaria uma resposta.

Mesmo com o caso praticamente resolvido, aqueles últimos dias do mês de janeiro ainda trariam algumas surpresas para o pessoal em Washington e em

---

[4] *Idem, ibidem.*

Nova York. Os brasileiros trabalhavam rápido, e a quarta-feira, dia 29, registraria duas notícias de impacto.

A primeira delas era a de que a polícia carioca aparentemente conseguira decodificar a mensagem com a qual estavam tendo dificuldades. O resultado da decifração mostrava que os três conjuntos de letras que foram marcados no texto enviado não possuíam valor, e que cada letra no grupo de dez letras teria quatro ou cinco valores.[5] Washington, porém, mostrava-se céptica quanto à descoberta.

A segunda notícia, e esta sim teria maiores conseqüências, era de que um americano, Victor Allen Baron, radiotelegrafista que usava o codinome de Raymond, acabara de ser preso pela polícia brasileira, envolvido na mesma tentativa de golpe comunista em que estava enredado o casal de alemães.

A história de Baron era relativamente medíocre no cenário da articulação comunista. Em julho de 1934, ele havia deixado Nova York com destino ao Rio de Janeiro[6] para assumir uma tarefa de pouca importância, sob o ponto de vista político. Nascido em Portland, usava constantemente o pseudônimo de James Martin. Estivera no Uruguai em 1929, depois ficou em Moscou

---

[5] National Archives, M 1472, Departamento de Estado, de Hugh Gibson, embaixador americano no Rio de Janeiro, ao secretário de Estado. Telegrama estritamente confidencial, 29 de janeiro de 1936.

[6] William Waack, *Camaradas: nos arquivos de Moscou: a história secreta da revolução brasileira de 1935,* São Paulo, Companhia das Letras, 1993, p. 156.

entre 1931 e 1934, até que foi enviado aos Estados Unidos para seguir ao Brasil.[7]

O Departamento de Estado nem de longe mostrara o mesmo interesse por Baron que teve com os Ewerts. O problema é que circulavam notícias de que ele estava sendo torturado pela polícia, pois dizia-se no Brasil que ele poderia informar o paradeiro do líder do golpe de novembro. Ignorando a questão desencadeada por Baron, um detalhado relatório confidencial do embaixador Gibson ao Departamento de Estado, em 6 de fevereiro, fazia 13 considerações finais sobre o problema dos passaportes fraudulentos de Berger e Lenczycki e das atividades comunistas no Brasil:

1 - Harry Berger e Machla Lenczycki foram definitivamente identificados como os sr. e sra. Arthur Ewert, cidadãos alemães de posse de passaportes americanos fraudulentos.

2 - Ambos falavam inglês fluente e corretamente, mas com forte sotaque alemão.

3 - Os seguintes nomes de pessoas nos Estados Unidos, supostamente interessadas em comunismo, foram mencionados: Joseph Freeman, escritor de esquerda; Paul Eugene Walsh, organizador da greve da Imperial Valley; Bessie Weisman; Alice Bunham, residente em Filadélfia, Pensilvânia; e Earl Browder, residente na 13 West Street em Nova York.

4 - Documentos e papéis, em várias línguas, achados na casa dos Ewerts provaram sem dúvida: a) o caráter comunista do trabalho; b) o comando de Berger

---

[7] *Idem, ibidem*, p. 205.

nas atividades comunistas no Brasil, e quem sabe na América Latina; c) e o fato de ele dar ordens.

5 - Os documentos incluíam cartas e boletins endereçados a soldados, marinheiros e trabalhadores, com planos de ação pela Revolução Nacional, com instruções no sentido de evitar erros realizados na campanha chinesa. Incluía material adicional muito similar.

6 - Exame detalhado dos papéis não revelou nenhum documento sensacional relacionado à atividade comunista nos Estados Unidos.

7 - A Embaixada preparava o envio de cópia completa de todos os documentos encontrados ao Departamento de Estado.

8 - Na prisão, Ewert e sua esposa não tiveram permissão de dormir ou descansar por um período de oito dias, e foram muito espancados pela polícia. A despeito de tudo, eles não confessaram qualquer coisa além do fato de serem comunistas.

9 - Ewert expressou desejo de ser extraditado aos Estados Unidos, no caso de o governo brasileiro manifestar desejo de deportá-lo. Entretanto, a impressão era de que esses indivíduos seriam processados no Rio e receberiam a pena máxima.

10 - Relatos de São Paulo indicavam que a esquerda estava bem organizada em programas predeterminados, usando outros nomes ou associações na luta por liberdades democráticas, mas sem coloração política.

11 - O serviço secreto brasileiro havia recentemente interceptado várias mensagens em código, que conseguiram decodificar, mostrando a existência contínua

de um amplo complô revolucionário no Exército, tendo conexão com Luís Carlos Prestes e envolvendo muitos oficiais de alta patente.

12 - Até aquele momento, trinta oficiais foram expulsos do Exército, e eles, junto com outros cerca de dois mil comunistas, estavam presos em várias partes do país, à espera de julgamento e punição federal.

13 - A forte atitude das autoridades brasileiras teve bastante efeito, mas o pote comunista ainda continuava a ferver.[8]

O relatório de Gibson indicava que as autoridades estavam abandonando uma das diretrizes escolhidas para nortear as investigações: buscar incriminar comunistas ou simpatizantes nos Estados Unidos. A hipótese traçada de que o caso do Brasil era um complô comunista de grandes proporções fora confirmada.[9] A direção a ser seguida era ficar de olho no "fervente pote comunista" e tentar juntar peças sobre o trânsito internacional de esquerda.

Assim, embora descobertas sobre o envolvimento de comunistas nos Estados Unidos cessassem, iniciava-se o mês de março com um imenso avanço nas investigações. Juntamente com Baron, e depois de sua prisão, foram identificados vários agentes estrangeiros mandados por Moscou para trabalhar na revolta. Eles eram: Rodolpho Ghioldi, secretário do Partido Comunista

---

[8] National Archives, M 1472, Departamento de Estado. Roll 165, Fonte ONI, Série 53, de 6 de fevereiro de 1936.

[9] National Archives, M 1472, Departamento de Estado, de R. S. Ripley, chefe da Divisão de Passaportes, a Sumner Welles, subsecretário de Estado, 16 de janeiro de 1936.

Argentino; Pavel e Sofia Stucheviski, ou Leon Vallé e sua mulher, comunistas belgas, responsáveis pelas finanças da organização no Brasil, segurança e controle político dos principais participantes, ele representante do NKVD e ela do IV Departamento do Estado-Maior do Exército Vermelho; Jonny e Lena de Graff ou Gruber, suspeitos de serem agentes duplos.[10] Além deles, havia Benjamim e Eva Schneider, correios de ligação com o Bureau da Internacional; Amleto Locatelli; Lovski ou Losovski; Marcos Youbamann, de nacionalidade polonesa e argentina e que acabou sendo morto pela polícia brasileira; Escarcena Messie; Carmem, a mulher de Ghioldi; e Jean Jolles, instrutor alemão presente em 1934.[11]

Como a decifração do código das mensagens interceptadas feita pela polícia do Brasil causara cepticismo, investigara-se em Washington, mas nenhuma solução possível estava sendo encontrada. Aliás, para informação de uso exclusivo do embaixador Gibson, os especialistas americanos diziam que a chave da decifração encontrada pelas autoridades brasileiras era inválida, e que dificilmente os próprios americanos teriam alguma possibilidade de decifrar a mensagem.

Na medida em que o inverno cedia lugar a temperaturas menos frias, as investigações também se torna-

---

[10] National Archives, Departamento de Estado, RG 165, Report 1614, de 10 de março de 1936. Relatório de William Sackville, adido militar no Brasil: *Questões políticas e problemas, comunismo no Brasil*. Vide também: William Waack, *op. cit*.
[11] William Waack, *op. cit*.

vam menos intensas. O mais solicitado no caso, agora, era o embaixador no Rio de Janeiro, que em final de fevereiro finalmente mandava as cópias fotostáticas que tanto haviam interessado ao FBI em janeiro.

Gibson decidira não fazer cópias completas do primeiro volume de material apreendido, uma vez que, em sua maioria, eram de caráter puramente local e tratavam da conspiração militar e do trabalho comunista no Brasil. Achara entre os papéis um documento muito interessante, escrito em espanhol, e datado de Santiago, de novembro de 1935, sobre a situação do governo Alessandri, bem como uma carta em francês, datada de Paris, de 20 de novembro, que falava da situação da China. Sob o ponto de vista mais geral, entretanto, a correspondência envolvia algumas firmas comerciais nas articulações comunistas. Eram uma carta em alemão de Martin Zellermayer & Cia, de Viena, endereçada a Antônio Villar,[12] seu representante comercial em Paris; e outra em francês, do Ateliers d'Orleans, de Paris, também endereçada a Villar, apontando-o como seu representante na América Latina.[13] Interessava muito saber a origem dos recursos

---

[12] Codinome de Prestes.
[13] Os demais oito documentos (somavam um total de 13) fotocopiados por Gibson foram: notas manuscritas de Prestes a respeito do movimento comunista no Brasil (em português); notas manuscritas, intituladas "Considerações sobre a organização de grupos populares para autodefesa" (em francês); Carta de Lívio (que se acreditava ser o irmão de Sylo Meirelles, o oficial do Exército que liderou o movimento comunista em Pernambuco) a Leo, avisando-o que 40.000$000 estavam a sua disposição

financeiros. Por isso, Gibson também mandara fazer cópias das cartas dos comunistas brasileiros que falavam das disponibilidades de dinheiro.

O expediente de usar firmas comerciais para encobrir agentes comunistas e fazer remessas de dinheiro era recorrente. Se Prestes fora representante da Martin Zellermayer e do Ateliers d'Orleans, Berger fora da Construction Supplies Company of America na China. Os brasileiros haviam acusado e os americanos tinham razões muito fortes para pensar que as atividades brasileiras haviam sido financiadas em parte pelo ramo de Montevidéu da Yuyamtorg, a cooperação comercial soviética em países estrangeiros, responsável pelo envio de 200 mil dólares aos comunistas do golpe de 27 de novembro.[14] A Yuyamtorg seria uma espécie de

---

(em português); carta de Lívio a Leo pedindo instruções sobre rádio, e avisando que 30.000$000 haviam sido entregues a Américo (em português); ações do ministro das Relações Exteriores, Macedo Soares, em relação à aplicação de sanções contra a Itália (em português); carta de Lívio a Leo na qual avisava que pedira a Moacyr 50.000$000 (a polícia acreditava que Moacyr fosse um alto funcionário da Prefeitura); carta datada de Paris, de 20 de novembro de 1935, endereçada a Ferro (outro codinome de Prestes); relatório sobre várias autoridades brasileiras (em português); e carta de Lívio a Leo (em português). National Archives, M 1472, Departamento de Estado, da Embaixada dos Estados Unidos da América no Rio de Janeiro, 20 de fevereiro de 1936.

[14] Notícia a este respeito foi publicada no *The New York Times*, de 4 de dezembro de 1935, quarta-feira. Vide também informações em: Paulo Sérgio Pinheiro, *Estra-*

filial da Amtorg de Nova York.[15] Mas não era apenas por meio de firmas comerciais ou da representação soviética que chegava dinheiro. Agentes, militantes, simpatizantes e dirigentes comunistas no mundo inteiro eram constantemente usados para a tarefa de envio de fundos.[16]

Fraina, o americano que fora vítima das articulações do agente Willard, havia levado, em 1920, cerca de 50 ou 55 mil dólares dos Estados Unidos ao México.[17] No caso da conspiração brasileira, além do dinheiro em espécie remetido, havia também formas de financiamento indireto. No dia 21 de fevereiro, a Legação Canadense informara a Divisão de Passaportes de que Frederick B. Zimmerman havia deposto no Canadá sobre sua participação, naquele país, na compra da embarcação *Margaret*, para uso dos revolucionários

---

tégias da ilusão: a revolução mundial e o Brasil (1922-1935), São Paulo, Companhia das Letras, 1993, p. 139.

[15] William Waack, baseado em pesquisas nos arquivos da antiga URSS, sustenta que o dinheiro não passava pela Amtorg ou suas congêneres, mas a documentação oficial do serviço secreto americano implica as agências comerciais soviéticas com canal de sustentação financeira. Cf. National Archives, M 1472, e William Waack, *op. cit.*

[16] William Waack mostra como Moscou usou o Café Paraventi, em São Paulo, no envio de dinheiro para a conspiração comunista de 1935 no Brasil. Também faz considerações sobre a montagem de firmas comerciais para a circulação de dinheiro. Cf. William Waack, *op. cit.*, pp. 109 e segs. e 148 e 149.

[17] Theodore Draper, *op. cit.*, p. 226 e segs.

do Brasil. Na transação, Zimmerman dera 1.000 dólares a um oficial canadense por seu serviço de intermediação.[18]

Como em fevereiro, no mês de março havia ainda o receio de que as articulações comunistas não houvessem acabado. Suspeitava-se de que Adalberto Birini, ou Birinski, preso por aqueles dias em Porto Alegre, houvesse sido enviado pelo Comintern para saber as razões do fracasso do movimento.[19] Não haveria motivo, por isso, para que Berger e Machla tivessem seus pedidos de *habeas corpus*, impetrado pelo senador brasileiro Abel Chermont, aceitos no dia 2 de março.

De toda forma, o caso começara a ter incômodas repercussões internacionais. Nos últimos dias de fevereiro, desembarcara no Rio de Janeiro uma missão inglesa formada pelas ladies Hasting e Campbell Cameron e J. R. Freman, membros da Liga Internacional Antiescravagista.[20] Pretendia investigar a situação a que estavam sendo submetidos os milhares de presos brasileiros acusados de comunismo e de líderes da conspiração de novembro. A situação ainda iria piorar depois da quinta-feira, dia 5 de março, horas após a prisão de Luís Carlos Prestes e de sua mulher Olga Benário: o

---

[18] National Archives, Departamento de Estado, RG 59/ Box 645/811.113. Document File/Note. Investigação do Senado/401, *Memorandum* ao sr. Dunn, da Legação Canadense, 21 de fevereiro de 1936.

[19] National Archives, Departamento de Estado, RG 165, Report 1614, 10 de março de 1936, de William Sackville, adido militar no Brasil.

[20] *O Estado de S. Paulo*, ano LXII, nº 20366, sexta-feira, 6 de março e Nº 20369, terça-feira, 10 de março.

americano Victor Allan Baron teria, estranhamente, se suicidado.

A versão veiculada pela polícia de que Baron havia morrido depois de se jogar do primeiro piso da delegacia foi imediatamente ridicularizada. Os ingleses foram apressadamente embarcados de volta à Europa na segunda-feira, dia 9, três dias depois de o Consulado americano ter custeado os funerais de Baron, no cemitério São Francisco Xavier, no Rio de Janeiro,[21] e de os jornais terem noticiado que Harry Berger havia declarado ao juiz Ribas Carneiro, da 1ª Vara Federal, que lhe haviam sido dispensados maus-tratos e castigos.[22]

A alegação era de que as torturas se haviam iniciado no mesmo dia em que os Ewerts tinham sido presos e levados pela Polícia Especial; e que os maus-tratos duraram até a transferência para a Casa de Detenção, no dia 11 de fevereiro. Não haviam recebido alimentos, foram impedidos de dormir, sendo forçados a permanecer de pé, parados ou em movimento. Foram queimados com pontas de cigarro, e Berger, obrigado a tomar água com veneno. Receberam choques elétricos na cabeça e Elise fora arrastada pelos cabelos.[23]

Embora a imprensa não estivesse informada, no início de março sabia-se de quase tudo sobre o movimento comunista brasileiro, e mesmo não tendo prendido e identificado todos os agentes estrangeiros que

---

[21] *O Estado de S. Paulo*, ano LXII, nº 20367, sábado, 7 de março de 1936.

[22] *Idem, ibidem*.

[23] *O Estado de S. Paulo*, ano LXII, nº 20368, domingo, 8 de março de 1936.

trabalharam no Brasil,[24] o uso que a polícia brasileira estava fazendo da tortura para obter informações de Arthur e Elise Ewert e de Baron, até sua morte, não era nem velada nem abertamente criticado por Washington. Torturado pela polícia do Rio de Janeiro, Baron morrera cerca de um mês após sua prisão, logo depois de ter dito aos policiais onde era o esconderijo de Luís Carlos Prestes.

Na verdade, embora não pudessem e não agissem tão abertamente quanto a polícia brasileira, havia nos Estados Unidos um acentuado *know-how* de repressão. As autoridades americanas freqüentemente reagiam aos protestos com repressão brutal.[25] Além das deportações políticas, que começam a crescer nos anos 1930,[26] eram comuns as prisões sem mandado, invasões ilegais em assembléias pacíficas e prisão dos presentes, detenção de estrangeiros por muitos meses e até que tivessem audiência, mas sem fiança razoável.[27] Efetivavam-se também prisões de comunistas sob a desculpa de estarem portando exemplar do *Daily Worker*, de violarem as normas sobre parques, promoverem o distúrbio do sossego público, etc.[28]

---

[24] Cf. William Waack, *op. cit.*
[25] Robert Justin Goldstein, *Political repression in modern America: from 1870 to the present,* Boston, G. K. Hall & Co., Cambridge, Schenkman Publishing Company, 1978, p. 195.
[26] De 1 em 1930 para 74 em 1933. Cf. Robert Justin Goldstein, *op. cit.*, p. 197.
[27] *Idem, ibidem*, p. 607.
[28] *Idem, ibidem*, pp. 204 e 206.

Numa demonstração de desempregados de St. Louis, em 1932, por exemplo, a polícia atirou na multidão e feriu quatro pessoas. Em 6 de outubro do mesmo ano, matou um operário também numa manifestação contra o desemprego.[29] A repressão mais violenta, entretanto, dava-se durante as greves, como a da Imperial Valley da Califórnia, organizada pelo amigo dos Ewerts na China, Paul Eugene Walsh, em 1933 e início de 1934.

É certo que, nos anos 1930, a reação social fazia-se notar. Os protestos eram comuns, e a sociedade americana não se portava da mesma maneira como no início do século. Devia-se levar em conta que os anos 1920 trouxeram aos Estados Unidos a revolta contra a moral puritana, um tempo de experimentação sexual, modificação da atmosfera urbana e contatos mais intensos com o Oriente, a América Latina e a Europa. Mas inauguraram também em grande escala o gangsterismo e o *revival* da esquerda.

Para enfrentar o *revival*, ficou estabelecida, em 1930, a Comissão Fish,[30] com três propósitos: armar uma atmosfera para a recriação de uma autoridade federal anti-subversiva, suspensa em 1924; encorajar a atividade policial contra os radicais e renovar, na cultura política americana, os medos e as ansiedades em relação à "ameaça vermelha".[31] Teve sucesso. Nos

---

[29] *Idem, ibidem*, p. 204.
[30] Na fase anterior houve a New York Lusk Committee.
[31] Frank Donner, *Project of privilege. Red squads and police repression in urban America,* Berkley/L. A/Oxford, University of California Press, 1990, p. 44.

anos 1930, o comunismo tornou-se justificativa para a operação dos *red squads* (esquadrões vermelhos), não apenas nas grandes cidades, mas em todos os lugares, e não mais circunscrita aos sindicalistas, mas às atividades de esquerda de uma forma geral.

Juntamente com essa postura, à medida que John Edgar Hoover ganhava mais poder, iam se aprimorando os trabalhos do FBI. No ano de 1934, quando o Congresso finalizou a tarefa de tornar o FBI "a" agência de investigações do governo, havia trinta escritórios espalhados pelo país[32] que trabalhavam com a possibilidade de dispor de 25 mil dólares em recompensa para pessoas que ajudassem no trabalho de captura dos inimigos nacionais[33]. Um tipo de procedimento que levaria a filósofa Hannah Arendt a dizer, em 1957, que

---

[32] Birmingham, Alabama; Boston, Mass.; Buffalo, N.Y.; Butte, Montana; Charlotte, N.C.; Chicago, Ill.; Cincinnati, Ohio; dallas, Texas; Dever, Colo.; Detroit, Mich.; El Paso, Texas; Indianapolis, Ind.; Jacksonville, Fla.; Kansas City, Mo; Little Rock, Ark.; Los Angeles, Calif.; New Orleans, La; New York, N.Y.; Oklahoma City, Okla; Omaha, Nebr.; Philadelphia, Pa.; Pittsburg, Pa.; Portland, Oregon; Salt Lake City, Uthah; San Antonio, Texas; San Francisco, Calif; St. Louis, Mo.; St. Paul, Minn.; e Washington, D.C. In: U.S. FBI. *The work and function of the division. op. cit.* pp 3 e 5. Em 1936, haviam 37 escritórios. os sete acrescidos foram: Alberdeen, S.D.; Atlanta, Ga; Cleveland, Ohio; Louisville, Ky.; Milwaukee, Wis; Phoenix, Ariz.; e Trenton, N.J. Em: Melvin Puris, *op. cit.*, p. 61.

[33] US Federal Bureau of Investigation, *The story of the FBI*, *op. cit.*, p. 2

pessoalmente acreditava "que no momento metade do PC é composto de agentes do FBI".[34]

O desprezo aos comunistas certamente é o que levara o Departamento de Estado a ignorar o fato de Victor Allen Baron estar na prisão. Mais ainda, justamente naqueles dias, até por volta de 15 de março,[35] Nova York estava sendo sacudida por uma imensa greve de ascensoristas, organizada pelo PC, que simplesmente parou Manhattan. Os protestos que apareciam nos Estados Unidos contra a morte de Baron podiam, por isso, ser negligenciados. A Embaixada Americana não moveria uma palha que pudesse interferir no relacionamento com a polícia do Rio de Janeiro, nem mesmo tomaria conhecimento da Comissão Parlamentar de Inquérito do Congresso, feita a pedido do deputado Vito Marcantonio, e que enviaria ao Brasil o advogado Joseph Brodsky para investigar o caso.

Nenhuma reação do Departamento de Estado ou da Embaixada se fazia notar, nem mesmo quando o chefe de polícia brasileira, capitão Filinto Müller, declarava que eram absurdas as afirmações do deputado Marcantonio e de Brodsky em torno da morte de Baron, e acusava Brodsky de ser um comissionado da III Internacional. Aliás, Müller dizia que se quisesse investigar, o advogado deveria entrar em contato com a

---

[34] Hannah Arendt, carta a Mary MacCarthy, de 7 de junho de 1957. Publicada no Caderno "Mais", *Folha de S. Paulo*, junho de 1995.
[35] Dia 17 houve uma tentativa de volta do movimento.

Embaixada Americana, porque lá obteria dados positivos sobre o suicídio de Victor Allen Baron.[36]

Seguindo as diretrizes apontadas por Washington, Gibson conseguira mais uma leva enorme de documentos apreendidos pelos policiais brasileiros, e que seria enviada graças ao esquema de cópias fotostáticas já montado. Eram 53 documentos de interesse para os Estados Unidos, mas três deles chamaram a atenção do embaixador: o documento número 6, que em seu último parágrafo da primeira página continha uma recomendação da direção da Aliança Nacional Libertadora à direção local da entidade no estado do Maranhão para que organizasse reuniões e manifestações contra a Ulen & Company; o documento 16, que era um estudo sobre as operações militares do Exército Vermelho na China, especialmente o plano de retirada de Tsiansi; e o documento 29, que aparentava ser uma cópia de um relatório submetido ao ministro da Guerra e à Comissão de Segurança Nacional sobre as condições do equipamento militar brasileiro.[37]

---

[36] *O Estado de S. Paulo,* ano LXII, nº 26397, sexta-feira, 10 de abril de 1936.

[37] National Archives, M 1472, Departamento de Estado, do embaixador no Rio de Janeiro, Hugh Gibson, ao secretário de Estado, Cordell Hull, estritamente confidencial, 19 de março de 1936. Os demais documentos eram: *A União Soviética enquanto poder militar* (em espanhol); *Como organizar e dirigir lutas rurais,* por A. Almeida (em português); *Para a criação da Frente Jovem Antifascista* (em espanhol); carta de 17 de outubro de 1935, de Pacífico (em espanhol); *memorandum* intitulado *A casa do colono* (em português); *memorandum* inti-

tulado *Frente Nacional de Libertação*; instruções a todos os núcleos e diretórios da Aliança Nacional Libertadora intituladas *A Guerra de rapina contra a Absínia e os negros brasileiros* (em português); *A situação do Plenum de 19-21 de abril* (em espanhol); manifesto de Luís Carlos Prestes de 29 de outubro de 1924: *A revolta de Santo Ângelo, estado do RGS* (em português); carta de 21 de dezembro de 1935, de GIN de ADB (em português); circular a todas as células, do *Diário do Ceará* (em português); *A Frente Popular Antiimperialista no Brasil* (em espanhol); *Manifesto de Luís Carlos Prestes* publicado no *Diário de Notícias* de 18 de novembro de 1930 (em português); carta do secretariado do Comitê Central do PC (em português); *Execução do plano de retirada de Tsiansi* (em português); *memorandum* sobre o trabalho e a prisão de um agente em Mato Grosso (em português); carta de 31 de outubro de 1935, da diretoria da ANL aos camaradas do Rio Grande do Norte (em português); resumo do trabalho do Bureau de Produção no ano de 1935 (em português); questões colocadas por Virgílio de Mello Franco e respostas (em português); A ANL e a situação política do estado do Rio Grande do Norte (em português); carta de 10 de setembro de 1935, de Almeida Teodoro (em português); *Discussão de um sistema brasileiro social, econômico e político* (em português); carta de 23 de outubro de 1935 (em português); *Instruções para o trabalho da ANL no Pará* (em português); *A ANL e a situação política do estado do Rio de Janeiro* (em português); carta de 21 de agosto de 1935, de Garoto a Adalberto (em português); *Memorandum* sobre o suprimento brasileiro de armas e munição apresentado pelo ministro da Guerra ao Conselho de Segurança Nacional (em português), *Memorandum* sobre a economia cafeeira (em português); resposta à proposta da proposição aos

Finalmente, em 21 de março, soltava-se no Brasil toda a ficha de Harry Berger e de Machla Lenczycki: um sinal de que o caso poderia ser considerado praticamente encerrado. As informações sobre a falsa Machla eram sucintas. Dela dizia-se que deixara Berlim em 1º de outubro de 1931, com destino desconhecido. Teria sido agente da Tcheca, secretária do Comitê Central do Partido Comunista Alemão e na reunião suplementar do Comitê Executivo da III Internacional, em Moscou, usara o nome de Braun.

Informou-se que Berger era Arthur Ernest Ewert, ex-deputado alemão até maio de 1928; eleito membro executivo da III Internacional. Em 1927 estivera na Rússia. Era conhecido na Alemanha desde 1921. Fora acusado de alta traição na Alemanha, mas anistiado. Em suas atividades usara os nomes de Arthur Braun e Blom e passaportes falsos com os nomes de George Heller, nascido em 13 de novembro de 1890, na Basiléia, Suíça; Arthur Born, nascido em 18 de novembro

---

sistema social, político e econômico brasileiro (em português); pequena nota (em português); balanço de recibos e despachos (em português); cópia de notas do movimento revolucionário (em português); cópia de carta de 24 de dezembro de 1935, de Lívio a Léo (em português); recibos de 4.000&000 (em português); e cópia de carta de 20 de setembro de 1935, de Lívio a Léo; carta de 5 de dezembro de 1935 de Hector a Ernesto Nazareth; cópia de carta de 7 de dezembro de 1935, de Lívio a Léo; cópia de carta de 13 de dezembro de 1935, de Lívio a Léo; cópia de carta de 27 de outubro de 1935; cópia de carta de 21 de dezembro de 1935, de Abel a Ismael; carta de 17 de outubro de 1935, de L.C.P. a Luís Barros; notas.

de 1890, em Breslau; e Durich Dach, nascido em 12 de outubro de 1894, na Basiléia. Casou-se com Elise Saborowski em 1922. Havia estado em Berlim de 1905 a 1930, com interrupções, tendo deixado a cidade com destino a Moscou em 20 de dezembro de 1930. De 1914 a 1919, ficara na América do Norte, vindo do Canadá para Berlim em 8 de agosto de 1919.[38]

Na medida em que mais e mais pessoas eram presas no Brasil, inclusive um senador e deputados, Washington limitava-se a recolher as informações mais gerais sobre a situação política brasileira que eram remetidas pela Embaixada Americana no Rio.[39] A situação de Harry Berger e de Machla Lenczycki complicava-se com as providências de repressão mais drásticas tomadas pelo governo brasileiro e com a prisão, no mesmo dia em que foram publicados os dados sobre os Ewerts, de seu advogado, o senador Abel Chermont. O fato de terem divulgado as informações sobre o casal poderia até significar uma distensão. Mas a declaração do Estado de Guerra no Brasil, três dias depois, apontava para uma piora na situação dos presos.

Nos primeiros dias de abril encontravam-se presos o prefeito do Rio, Pedro Ernesto, além do senador e dos deputados Octavio da Silveira, Domingos Velasco,

---

[38] *O Estado de S. Paulo,* ano LXII, nº 20381, domingo, 22 de março de 1936.

[39] National Archives, M 1472, Departamento de Estado, de Hugh Gibson ao secretário de Estado. Arquivado também na Divison of Latin American Affairs, 2 de abril de 1936.

Abguar Bastos e João Mangabeira. As prisões estavam lotadas, a situação era de muita repressão, mas não havia nada que incriminasse Elise Ewert. Como Harry Berger havia afirmado a Xanthaky, em janeiro, ela não estava desenvolvendo nenhum trabalho político no Brasil. Havia, é certo, queimado documentos quando ambos foram presos. Mas isso poderia ser considerado grave? Quanto ao fato de estar usando documentação falsa, o crime era muito mais relativo aos Estados Unidos. O jeito era esperar. Havia chance de ela ser libertada.

Como numa espécie de premonição, já que não havia pena de morte no Brasil e a fase de tortura aos Ewerts parecia ter passado, o prognóstico que a senhora Shipley fizera ao subsecretário de Estado, Sumner Welles, em 16 de janeiro, era o de que, se houvesse um processo legal contra os Ewerts, nos Estados Unidos, pelo fato de eles estarem usando passaportes fraudulentos, esse processo seria num futuro longínquo, quando eles fossem soltos. Mas lembrava que a execução de ambos, no Rio, era provável.[40]

O fato de a polícia brasileira ter divulgado que Prestes estaria tramando um novo golpe não era bom sinal. Além disso, desde 1º de abril, os jornais brasileiros não deixavam de publicar numerosas listas de estrangeiros que estavam sendo expulsos do país por se-

---

[40] National Archives, M1472, Departamento de Estado, de R. B. Shipley, chefe da Divisão de Passaportes, a Sumner Welles, subsecretário de Estado, 16 de janeiro de 1936.

rem "perigosos à ordem pública e nocivos aos interesses do Brasil".

A notícia sobre Machla Lenczycki foi publicada em 20 de maio. A polícia, baseada no artigo 15 da Lei de Segurança Nacional, estava movendo processos de expulsão contra Elise Ewert, Olga Benário — a mulher de Prestes — e Carmem Ghioldi, esposa do secretário do Partido Comunista Argentino. Às três mulheres, como não havia prova de seu envolvimento no golpe de novembro do ano anterior, caberia apenas a expulsão. O detalhe sórdido, entretanto, é que a polícia preparava a expulsão para os países de origem das prisioneiras. No caso de Elise e Olga, ambas judias, esta volta significava ir para a Alemanha de Hitler.

Elise não vira Arthur desde que haviam sido presos, em 27 de dezembro do ano anterior. Quando prestou depoimento na sede da Polícia Central, no Rio de Janeiro, no dia 20 de maio, continuava sem muito a dizer. Confessou que nascera na Alemanha, sendo filha de Maria e Jacob Saborowski. Casara-se com Ewert em 1922 e fora datilógrafa e fotógrafa. Estivera três vezes na Argentina e chegara ao Brasil em março de 1935.

Como estava envolvida na obtenção de passaporte fraudulento, a esperança de Elise Ewert seria de que o Departamento de Estado pedisse que, na expulsão do Brasil, ela fosse encaminhada aos Estados Unidos, a fim de que pudesse responder a processo pela obtenção fraudulenta de passaporte. Dessa forma, fugiria do enfrentamento com os nazistas. O fato era importante porque ela era comunista e judia. Ambos, pecados políticos punidos com a morte, na Alemanha.

Para o governo americano, a extradição de Elise para os Estados Unidos seria conveniente, uma vez que, com a presença da falsa Machla Lenczycki em Nova York, os obstáculos legais que existiam para incriminar a verdadeira Machla Lenczycki e as testemunhas Max Nathan, Harry Goodman e Louis Schwartz estariam sendo transpostos.[41] A rede comunista de prestação de serviços para obtenção de passaportes fraudulentos poderia ser legalmente desbaratada.

Talvez isso tudo não fosse muito difícil, pois Hugh Gibson continuava a ter contato estreito com a polícia do Rio para o trato das questões comunistas. No dia 30 de junho, até mesmo informou ao Departamento de Estado que a Divisão de Segurança do Departamento de Ordem Política da polícia havia interceptado mensagens cifradas indicando um novo golpe comunista para aquele mês de julho.[42] E, confirmando os receios anteriores do governo americano sobre a continuidade das atividades comunistas no Brasil, Gibson soubera que um tal de Jose Lago Morales, membro do Bureau Sul-Americano da III Internacional, havia sido mandado por Moscou para assumir o trabalho de Harry Berger.[43] Uma informação complicada, porque Morales

---

[41] A referência aos problemas legais é feita pelo chefe da Divisão de Passaportes, R. B. Shipley no ofício ao subsecretário de Estado, em 16 de janeiro de 1936.
[42] National Archives, M 1472, Departamento de Estado, de Hugh Gibson, embaixador no Rio de Janeiro, ao secretário de Estado, 30 de junho de 1936.
[43] National Archives, M 1472, Departamento de Estado, de Hugh Gibson, embaixador no Rio de Janeiro, ao secretário de Estado, 10 e 13 de julho de 1936.

era o codinome de Ghioldi, membro do Bureau, mas já encarcerado pela polícia carioca. Além de Morales, a polícia conseguira prender, no dia 9 de julho, Roberto Morena, outro líder comunista.[44]

Se os contatos entre o governo americano e o brasileiro eram cada vez mais fáceis, e o Departamento de Estado aceitava sem vacilar a tese brasileira de que um novo golpe comunista se aproximava, isso em nada estava ajudando Elise Ewert. Sem que houvesse qualquer intervenção da Embaixada Americana no Rio para levar Elise a Nova York ou a Washington, em 17 de junho de 1936 a polícia entregou o pedido de expulsão de Elise ao Ministério da Justiça. Agora, era só esperar o despacho presidencial de Getúlio Vargas e a possibilidade de embarcá-la em um navio de bandeira alemã.

No dia 23 de setembro, junto com Olga Benário, Elise Ewert partia do Rio de Janeiro com destino à Alemanha. A passagem de ambas seria só de ida.

Em Washington, afinal de contas, o caso dos passaportes falsos de Harry Berger e Machla Lenczycki podia ser considerado encerrado. Nem Arthur nem Elise chegariam a rever a Ellis Island, o Lower East Side ou o Greenwich Village. A missão apoiada por Moscou fora um verdadeiro fracasso e ambos tinham perdido qualquer importância ou interesse para as autoridades. Não possuíam mais informações relevantes a dar e não representavam nenhum perigo a ser observado, porque Berger, além de alijado pelo Comintern, ficaria mentalmente perturbado nas prisões brasileiras

---

[44] *Idem, ibidem.*

e Elise morreria nas dependências da prisão nazista de Ravensbrück,[45] em 1941.

De Machla Lenczycki, Max Nathan, Harry Goodman e Louis Schwartz não existe sequer registro na Divisão de Passaportes. Aparentemente, não foram processados nem expulsos dos Estados Unidos.

Quanto a Cordell Hull, Sumner Welles, Hugh Gibson, o sr. Bannerman, a sra. Shipley, o sr. Burr, Theodore Xanthaky e os agentes Willard e Tubbs, as atribuições cotidianas de cada um continuaram as mesmas.

E nada mudara muito no espectro de Nova York. A não ser, é claro, que em setembro o verão chegara e já estava indo embora.

São Paulo, julho de 1995, quase sessenta anos depois.

---

[45] Sobre a morte de Elise Ewert, vide: William Waack, *op. cit.*, p. 341.

Anexo

PRINCIPAIS LEIS DE IMIGRAÇÃO AMERICANAS[1]

Como Estado soberano, os Estados Unidos estipularam que têm o direito, ou o poder, de encorajar, de tolerar, de restringir ou de proibir a entrada de estrangeiros em seu território e de determinar sua permanência nos limites de seu território.

A Suprema Corte reconhece a exclusiva autoridade do Congresso no campo da política imigratória:

O Alien Act de junho de 1798 (Stat. 570) foi a primeira legislação federal que tocou na expulsão de estrangeiros dos Estados Unidos. Essa medida que autorizou o presidente a deportar qualquer estrangeiro que ele considerasse perigoso expirou dois anos depois de sua promulgação. Desde então, até o ano de 1875, não houve legislação federal restringindo a admissão ou permitindo a deportação de estrangeiros. O Congresso, durante esse período, promulgou uma série de leis que eram dirigidas a proteger o imigrante, por re-

---

[1]Todas as informações foram extraídas de Frank Averbach, *Immigration laws of the United States*, Indianápolis/Nova York, The Bobbs Merril Company Inc., 1955.

quererem às linhas marítimas que melhorassem as condições dos vapores limitando o número de passageiros à tonelagem dos navios e requerendo que suprimentos suficientes de comida e de água fossem transportados a bordo.

Com o grande aumento do volume de imigrantes desde 1830, um crescente sentimento antiestrangeiro desenvolveu-se nos Estados Unidos, primeiramente dirigido contra os irlandeses. Projetos de lei foram considerados pelo Congresso, sem que fossem aprovados, propondo algumas medidas que mais tarde se tornaram parte das leis de imigração americana, principalmente para a exclusão de algumas classes indesejáveis, como criminosos e indigentes, e o requerimento de certificados expedidos pelos consulados americanos no exterior dando conta de que esses imigrantes não se encaixavam em nenhuma classe excludente.

Na ausência de leis federais, muitos estados que se encarregavam de custos com imigrantes doentes, destituídos ou dependentes de qualquer tipo aprovaram leis para proteger-se de riscos. Os estatutos de Nova York, Califórnia, Louisiana e Massachusetts providenciaram, por exemplo, uma taxa para cada imigrante para sua inspeção por funcionários do Estado e de bônus, para o caso de estrangeiros considerados incapazes de se sustentar. A Suprema Corte, contudo, considerou esses estatutos estaduais inconstitucionais no sentido de que o poder para legislar no que diz respeito à imigração e à deportação de estrangeiros estava restrito exclusivamente ao Congresso Americano .

(...) O ato de 3 de março de 1875 excluiu da admissão criminosos e prostitutas e submeteu a inspeção de imigrantes aos coletores nos portos (18 Stat. 477). Depois que esse ato estabeleceu as primeiras medidas de restrição federal para a imigração, uma lei de imigração, promulgada em 3 de agosto de 1882 (22 Stat. 214), acrescentou à classe dos inadmissíveis os loucos, os alienados, os idiotas e as pessoas incapazes de tomar conta de si próprias sem se transformarem em um peso para o Estado. Também introduziu um imposto de cinqüenta centavos por cabeça para cada passageiro trazido para os Estados Unidos.

Em resposta aos protestos das organizações de trabalhadores de que certos empregadores estariam reduzindo o padrão da classe importando mão-de-obra estrangeira barata, comumente ignorando a oferta nos Estados Unidos, o Congresso, em 1885 e 1887 (23 Stat. 332, 26 de fevereiro de 1885 e 24 Stat. 414, 23 de fevereiro de 1887), aprovou as assim chamadas leis de contrato coletivo de trabalho que fazia ilegal importar estrangeiros sob contrato para a prestação de trabalho ou serviços de qualquer tipo. A exceção foi dada por leis dirigidas a estrangeiros com permanência temporária nos Estados Unidos, artistas, professores, criados e especialistas para trabalhar em indústrias ainda não estabelecidas nos Estados Unidos. Uma emenda a essas leis, feita em 1888 (25 Stat. 566, 19 de outubro), introduziu pela primeira vez, desde o Alien Act de 1798, uma condição para a expulsão de estrangeiros. O ato de 1888 determinou o retorno, no período de um ano, para qualquer imigrante que violasse o contrato das leis trabalhistas. A suprema Corte questionou a constitucionalidade do decreto.

Com a imigração chegando a seu auge no final do século XIX, restrições adicionais passaram no Congresso. Em 1891 (26 Stat. 1084, 3 de março), pessoas portadoras de doenças abomináveis ou contagiosas, delinqüentes, condenados por crimes infames ou delitos menores envolvendo torpitude, poligâmicos e estrangeiros dependentes foram somados aos inadmissíveis.

O decreto de 3 de março de 1903 (32 Stat. 1213) introduziu mudanças significativas nas leis americanas. Foram somados aos inadmissíveis os epilépticos, pessoas que estiveram insanas no período dos cinco anos anteriores ao pedido de admissão, pessoas que tiveram dois ou mais ataques de insanidade e mendigos. O decreto também fez inadmissíveis "os anarquistas ou pessoas que acreditassem ou advogassem a derrubada, pela força, do governo dos Estados Unidos, ou de todos os governos, ou de todas as formas de lei, ou o assassinato de funcionários do Estado". Assim, esse decreto permitiu pela primeira vez a exclusão de estrangeiros no âmbito das opiniões proscritas. Também estendeu para três anos depois da entrada o período durante o qual um estrangeiro inadmissível no período de ingresso pudesse ser deportado. Além disso, permitiu a deportação de estrangeiros, por um período de dois anos após a entrada, que tivessem acusação legal anterior à imigração.

(...) O decreto de 20 de fevereiro de 1907 (34 Stat. 898) aumentou a taxa por imigrante para 4 dólares e adicionou à classe dos excluídos os imbecis, os débeis mentais, as pessoas com defeitos físicos ou mentais que pudessem influir em sua capacidade de ganhar a vida, os infectados por tuberculose, as pessoas que admitissem ter cometido crime envolvendo torpitude e mulheres vindas aos Estados Unidos com propósitos imorais. Atores profissionais, artistas, cantores, pastores, professores e criados estavam eximidos do cumprimento de contrato das leis trabalhistas. A autoridade para deportar estrangeiro legalmente acusado de questões existentes anteriormente à entrada do imigrante foi estendida para um período de três anos após o ingresso em território americano.

O decreto de 1907 também criou a Joint Commission on Immigration formada por três membros do Senado, três membros da Câmara e três outras pessoas com o objetivo de investigar o sistema de imigração americano. Essa comissão completou seu trabalho em 1911 e publicou seu relatório em 42 volumes. Esse estudo tornou-se o embasamento para o decreto de 5 de fevereiro de 1907 (39 Stat. 874), que permaneceu como o decreto básico até 24 de dezembro de 1952.

O decreto de 1907 ainda autorizou o presidente a recusar a admissão de certas pessoas quando julgasse que sua imigração pudesse ocorrer em detrimento das condições de trabalho estabelecidas. Essa questão era o resultado do grande alarme, particularmente na Costa Oeste e nos estados fronteiriços ao Canadá e ao México, de que as condições de trabalho seriam seriamente prejudicadas se continuasse a grande taxa de admissão de trabalhadores japoneses. Enquanto o governo japonês se opunha à emigração de seus súditos aos Estados Unidos continental, passaportes permitiam que os japoneses fossem para o Havaí, México e Canadá, por onde conseguiam entrar nos Estados Unidos. Baseado no decreto, o presidente americano, em 14 de março de

1907, aprovou a exclusão dos Estados Unidos continental dos trabalhadores japoneses e coreanos, especialistas ou não, que haviam recebido passaportes para o México, Canadá ou Havaí e de lá se deslocaram (Executive order 589 e também a Executive order 1712 de 24 de fevereiro de 1913).

Essa proclamação foi implementada pelo Gentlemen's Agreement assinado em 1907 e 1908 entre os governos dos Estados Unidos e do Japão, pelo qual o Japão se comprometia a emitir passaportes de viagens para os Estados Unidos continental apenas aos trabalhadores formalmente residentes nos Estados Unidos e aos agricultores estabelecidos. O acordo foi fortalecido em nota inclusa pelo embaixador japonês ao Tratado de Comércio de 1911 entre os dois países, no qual ele estabeleceu que seu governo estava altamente apto a manter a limitação e o controle exercido nos três anos passados da regulamentação de imigração de trabalhadores nos Estados Unidos.

(...) Uma legislação em separado tratou da imigração chinesa. (...) O Burlingame Treaty entre China e Estados Unidos foi proclamado em 28 de julho de 1868 (16 Stat. 739). Esse pacto reconheceu o direito inerente do homem de mudar seu lar e "allegiance and a garanteed to chinese subjects such privileges, immunities and exemptions in respect to travel and residence" nos Estados Unidos "as might be enjoiyed by the citizens or subjects of the most favoreted nations". O grande influxo de imigrantes chineses para o Oeste levou à assinatura de outro tratado com a China, em 17 de novembro de 1880 (22 Stat. 826), que se tornou o embasamento para o decreto de 6 de maio de 1882 (22 Stat.

58), o primeiro dos assim chamados atos de exclusão dos chineses. Esse decreto promoveu a suspensão da imigração de chineses para os Estados Unidos por um período de dez anos. Permitiu, contudo, que chineses já estabelecidos nos Estados Unidos voltassem ao país depois de ausência temporária. Os ilegalmente presentes seriam deportados. O decreto de 1882, que também impediu a naturalização dos chineses, não proibiu, entretanto, a entrada de professores chineses, estudantes, comerciantes e daqueles que se dirigiam aos Estados Unidos por curiosidade. Esse decreto foi prorrogado de tempos em tempos até 27 de abril de 1904, quando se tornou atemporal (33 Stat. 428). O decreto de 1904 esteve em vigência até 17 de dezembro de 1943, quando todos os atos de exclusão contra chineses foram extintos e estes foram considerados aptos para imigração ou naturalização.

O decreto de 5 de fevereiro de 1917 (...) adicionou à classe dos inadmissíveis os estrangeiros analfabetos, pessoas com constituição psicológica inferior, homens e mulheres com propósitos imorais, alcoólicos, *stowaways*, vagabundos e pessoas vítimas de ataque prévio de insanidade. A maior controvérsia no decreto de 1917 foi o requerimento de alfabetização que excluiu estrangeiros maiores de 16 anos que não soubessem ler. A lei determinando a realização de teste de alfabetização para imigrantes passou pela primeira vez no Congresso em 1897, mas foi vetada pelo presidente Cleveland, e leis subseqüentes foram vetadas pelos presidentes Taft e Wilson. O decreto de 1917, que passou apesar do veto presidencial de Wilson, estipulou o teste. Além disso, estabeleceu restrições à imigração asiática criando a assim chamada "zona de barreira", cujos nativos eram considerados inadmissíveis. *Grosso modo*, a zona de barreira incluía partes da China, toda a Índia, Burma, Sião, Estados Malásios, a parte asiática da Rússia, parte da Arábia e do Afaganistão, a maior parte das ilhas Polinésias e as Ilhas das Índias Orientais.

O decreto de 1917 *broadened* consideravelmente a classe dos estrangeiros deportáveis dos Estados Unidos e introduziu o requerimento de deportação sem limitação para casos mais sérios.

Em 16 de outubro de 1918, o Congresso aprovou uma lei (40 Stat. 1012) excluindo os estrangeiros anarquistas e outros crentes ou defensores da derrubada do governo. Em 10 de maio de 1920 (41 Stat. 1217) foi passado o decreto sobre a deportação de estrangeiros inimigos e estrangeiros culpados de violação ou conspiração dos vários decretos de guerra.

O decreto de 22 de maio de 1918 (40 Stat. 559), chamado de Entry and Departure Controls Act, autorizou o presidente a controlar a saída e a entrada nos Estados Unidos, em tempo de guerra ou emergência nacional, de qualquer pessoa cuja presença fosse contrária à segurança nacional. O decreto de 2 de março de 1921 providenciou que as determinações do Entry and Departure Controls Act relativas a requisitos de passaporte e visa para estrangeiros pretendendo ir para os Estados Unidos devessem continuar até que outras providências legais fossem tomadas.

(...) O First Quota Law, de 19 de maio de 1921 (42 Stat. 5), limitou o número de estrangeiros, de qualquer nacionalidade, a entrar nos Estados Unidos a 3%

dos estrangeiros da nacionalidade estabelecida nos Estados Unidos em 1910. Sob essa lei, aproximadamente 350 mil estrangeiros poderiam entrar anualmente na quota de imigrantes, principalmente do norte e do oeste da Europa. A lei, que deveria expirar em 30 de junho de 1922, foi estendida até 30 de junho de 1924 (decreto de 11 de maio de 1922, 42 Stat. 540). (...) Foram excluídos da limitação, entre outros, filhos menores de 18 anos de cidadãos americanos e estrangeiros que tivessem residido continuamente em um dos países independentes do hemisfério ocidental por pelo menos cinco anos imediatamente precedentes à sua aplicação para admissão. Também foram isentos da limitação numérica os atores, os artistas, os professores, os cantores, as enfermeiras, os pastores, os criados e os estrangeiros de qualquer profissão de nível superior. A preferência para quota foi também dirigida a esposas, pais, irmãos, irmãs e noivas de cidadãos americanos e de estrangeiros nos Estados Unidos que tivessem pedido cidadania, bem como de veteranos *honorably discharged*.

Em 26 de maio de 1924, foi aprovada uma quota permanente de imigração (43 Stat. 153) que, em conjunto com o decreto de 1917, norteou a política de imigração americana até que o decreto sobre imigração e nacionalidade de 1952 se tornasse efetivo.

O decreto de 1924 recrudesceu e clarificou um número de medidas anteriores e introduziu novos conceitos de política de imigração que se tornaram a base para o decreto de 1952.

O decreto de 1924 estabeleceu a regra de que nenhum imigrante poderia ser admitido a não ser que tivesse um visa válido, concedido por cônsul americano no exterior. Apesar de o Congresso ter sancionado o quesito visa, que inicialmente fora estabelecido como uma medida em tempos de guerra por Joint Order of the Department of State of Labor, em 26 de julho de 1917, os consulados americanos foram autorizados a expedir visa de imigração somente se o estrangeiro estivesse enquadrado nos testes qualitativos das leis de imigração e se houvesse quota suficiente para aquele imigrante em particular. O sistema de controle consular eliminou em grande parte o contratempo advindo do enorme número de imigrantes que chegava aos portos americanos e que era excluído e deportado por falta de quota ou por ser considerado pertencente à classe dos inadmissíveis.

A introdução do sistema de quotas no exterior não modificou a autoridade do Serviço de Imigração e Naturalização em controlar a admissão de estrangeiros nos portos americanos. Assim, um sistema de dupla checagem ou controle dual foi estabelecido, pelo qual (...) o estrangeiro teria de passar para que fosse admitido como imigrante. Se uma das agências achasse o estrangeiro inadequado, ele ou teria seu visa recusado ou seria expulso no porto de entrada.

O decreto de 1924 continha duas provisões de quota. A primeira, com validade até 30 de junho de 1929, estabeleceu o sistema de quota anual para qualquer nacionalidade em 2% do número de estrangeiros daquela nacionalidade residente nos Estados Unidos continental em 1890. O número total da quota seria assim de 164.667 imigrantes. A segunda, estabeleceu um sistema de quotas de 1º de julho de 1929 até 31 de dezembro de 1952, introduzindo o sistema nacional de quotas. Segundo ele, a quota anual para qualquer país ou nacionalidade teria a mesma relação com o número de habitantes nos Estados Unidos continental em 1920. Como a quota seria menor que 100, o total de quotas anual seria fixo em 154.277.

Por várias providências do decreto de 1924, o Congresso pretendia não separar famílias em função da imigração. Para atingir esse objetivo, não-quotas foram reservadas a esposas e a filhos de cidadãos americanos, e preferência de quota foi dada a maridos e a pais de cidadãos americanos, e a mulheres e a filhos de residentes permanentes. A lei, contudo, discriminava mulheres, no sentido de que aquelas que houvessem precedido seus maridos não garantiam a eles preferência de quota e que uma cidadã americana poderia originar preferência de quota apenas para seu marido. Posteriormente, emendas tornaram possível que esposas cidadãs americanas conferissem *status* de não-quota a seus maridos estrangeiros se o casamento houvesse sido realizado anteriormente à aprovação das respectivas emendas.

(...) O decreto de 1924 estabeleceu a regra de que nenhum estrangeiro, inadmissível como cidadão, pudesse ser admitido no país como imigrante. Essa norma estava primeiramente dirigida ao fluxo de japoneses que entravam no país apesar do *Gentlemen's Agreement*.(...)

Durante os 28 anos entre a sanção do decreto de 1924 e o de 1952, o Congresso aprovou um grande número de emendas sobre imigração, cujas mais significantes se encontram sumariadas:

A assim chamada Registry Act de 2 de março de 1929 (45 Stat. 1512) se relacionava com o fato de que um grande número de estrangeiros estavam impossibilitados de adquirir sua admissão porque haviam ingressado no país em desacordo com a lei ou porque o registro de sua admissão não era encontrado. Assim, o decreto estabeleceu uma ficha legal de admissão para certos estrangeiros que não estavam aptos a se tornar cidadãos, uma vez que sua ficha de admissão para residência permanente não pudesse ser achada, e que pudessem provar que haviam entrado nos Estados Unidos antes de junho de 1921. (...)

(...) O decreto de 14 de maio de 1937, o Gigolo Act, fez deportáveis qualquer estrangeiro, em qualquer tempo após sua entrada no país, que houvesse conseguido visa por fraude por ter contraído casamento a fim de poder entrar nos Estados Unidos e que esse casamento tivesse sido retroativamente anulado. Também estabeleceu que o estrangeiro fosse deportado caso falhasse ou se recusasse a cumprir sua promessa de contrair matrimônio, motivo pelo qual havia sido admitido como imigrante.

Bibliografia complementar

CANCELLI, Elizabeth. *O mundo da violência: a polícia da era Vargas*. Brasília, Editora Universidade de Brasília, 1993.

BELTRANI, Vito. *S.O.S. il communismo negli Stati Uniti*. Roma, M. Tupini, 1938-1939.

BLOOR, Ella R. *We are many: an autobiography by Ella R. Bloor*. Nova York, International Publishers, 1940.

BROWDER, Earl Russel. *Earl Browder talks to the senators*. Nova York, Workers Library Publishers Inc., 1940.

BROWN, Julia C. *I testify; my years as undecover agent for the* FBI. Boston, Western Island, 1966.

CANERTON, Victor Francis. *Where angels dared tread: socialist and communist utopian colonies in the United States*. Freeport/Nova York, Book for Libraries Press, 1969/1941.

DULLES, John W. F. *Anarquistas e comunistas no Brasil*. Rio de Janeiro, Nova Fronteira, 1977.

_____. *O comunismo no Brasil*. Rio de Janeiro, Nova Fronteira, 1985.

DULLING, Mrs. Elizabeth (Kirkpatrick). *The red network; a "who's who" and handbook of radicalism for patriots*. Ill/Chicago, Kendworth, 1935.

FORSTER, William Z. *History of the communist party of the United States*. Nova York, Greenwood Press, 1968.

GITOW, Benjamin. *I confess: the truth about American communism*. Westport/Conn, Hyperian Press, 1937.

GOLBLOOM, Maurice. *American security and freedom: a study sponsored by the American jewish committee*. Nova York, 1954.

GREEN, William. *Reports on communist propaganda in America as submitted to the State Department*. US Government, 1935.

HOOVER, John Edgar. *A study of communism*. Nova York, Holt, Rinehart and Winston, 1962.

_____. *John Edgar Hoover on communism*. Nova York, Random House, 1969.

_____. *Menace of communism*. Washington, US Government, 1947.

HOWE, Irving. *The American communist party; a critical history 1919- 1957*. Boston, Bearon Press, 1957.

HUGGINS, Martha D. *Vigilantism and the state in modern Latin America*. Nova York/Westport, Connecticut/ Londres, Praeger, 1991.

IRVING, William Henry. *How red is America?* Nova York, J. H. Sears & Company Inc., 1927.

JOFFILY, José. *Harry Berger*. Rio de Janeiro/ Curitiba, Paz e Terra/UFPR, 1987.

LEE, Albert . *Henry Ford and the jews*. Nova York, Stein and Dai, 1980.

LEONARD, Jonathan Norton. *The tragedy of Henry Ford*. Nova York/Londres, G. P. Putnam's Sons, 1932.

LEVINE, Robert. *The Vargas regime*. Nova York/Londres, Columbia University Press, 1970.

LINARES, Andrés. *Historia de los grupos de izquierda en los Estados Unidos*. Madri, Castellote, 1976.

LYONS, Eugene. *The red decade; the classic work on communism in America during the thirties*. Nova Rochelle/ Nova York, Arlington House, 1970.

MURRAY, Robert K. *Red scare: a sudy of national hysteria 1919-1920*. Westport/Conn, Greenwood Press, 1980.

NYE David E. *Henry Ford ignorant idealist*. Nova York, Kennikat Press, 1979.

PIPP, Edwin Gustav. *The real Henry Ford*. Detroit, Pipp's Weekly, 1922.

RICHMOND, Alexander. *A long view from the left: memories of an American revolutionary*. Boston, Houghton Mifflin, 1973.

ROGGENBROD, Roland. *The invaders; a story of fantastic advertising in anti-communism*. Dallas, Story Book Press, 1954.

SALOFF-ASTAKHOFF, Nikita Ignatievich. *Real Russia from 1905 to 1932, and communism in America*. Nova York, o autor, 1932.

SIMON, Rita James. *As we saw the thirties*. University of Illinois Press, 1967.

SYMES, Lillian. *Rebel America: the story of revolts in the United States*. Nova York, Da Capo Press, 1972.

VIANNA, Marly de A. G. *Revolucionários de 35: sonho e realidade*. São Paulo, Companhia das Letras, 1992.

WINHOLD, Gerald Burton. *Communism and the Roosevelt brain trust*. Wichita, Kan, Defender Publishers, 1933.

Impressão e acabamento:

Setor de Indústrias Gráficas Q. 2 nº 460 - Parte A - CEP 70610-400
Brasília-DF - Fones (061) 224-7778/224-7756 - Fax (061) 224-1895